W0088840

*vv*

Johannes Reichert

# Mit dem Rad nach Rom

1465 Kilometer mit dem Fahrrad
in die Ewige Stadt

## Reisetagebuch

Wiesenburg Verlag

Bibliographische Information der
Deutschen Nationalbibliothek:

Die Deutsche Nationalbibliothek verzeichnet diese
Publikation in der Deutschen Nationalbibliographie;
detaillierte bibliographische Daten sind im Internet
über http://dnb.d-nb.de abrufbar.

1. Auflage 2013
Wiesenburg Verlag
Postfach 4410 · 97412 Schweinfurt
www.wiesenburgverlag.de

Alle Bilder von Johannes Reichert
Vorderseite: Rom, Kolosseum
Rückseite: Umbrien, Landstraße nach Perugia

Layout & Design:
Media-Print-Service MPS · 97456 Dittelbrunn


ISBN 978-3-943528-98-5

*Ich widme dieses Buch*

*meiner im April 2013 in Châteaudun, Frankreich*
*verstorbenen Schwiegermutter*

**Anne-Marie Jumeau, geb. Philippe**

*Als Folge eines Autounfalls ertrug sie ohne Klagen*
*47 Jahre im Rollstuhl*
*und war stets lebensfroh und positiv*

*und*

*meinem im November 2012 in Belper, England*
*verstorbenen Freund*

**Wilfried Cooper**

*Dank Freunden wie ihm wurde England für mich*
*zur zweiten Heimat*

# INHALTSVERZEICHNIS

## Zweite Etappe 2012 Seite

| 1. Etappe 2011 | 965 km | Schweinfurt - Bologna |
|---|---|---|
| 2. Etappe 2012 | 500 km | Bologna - Rom |
| **Gesamtstrecke  1.465 km** | | |

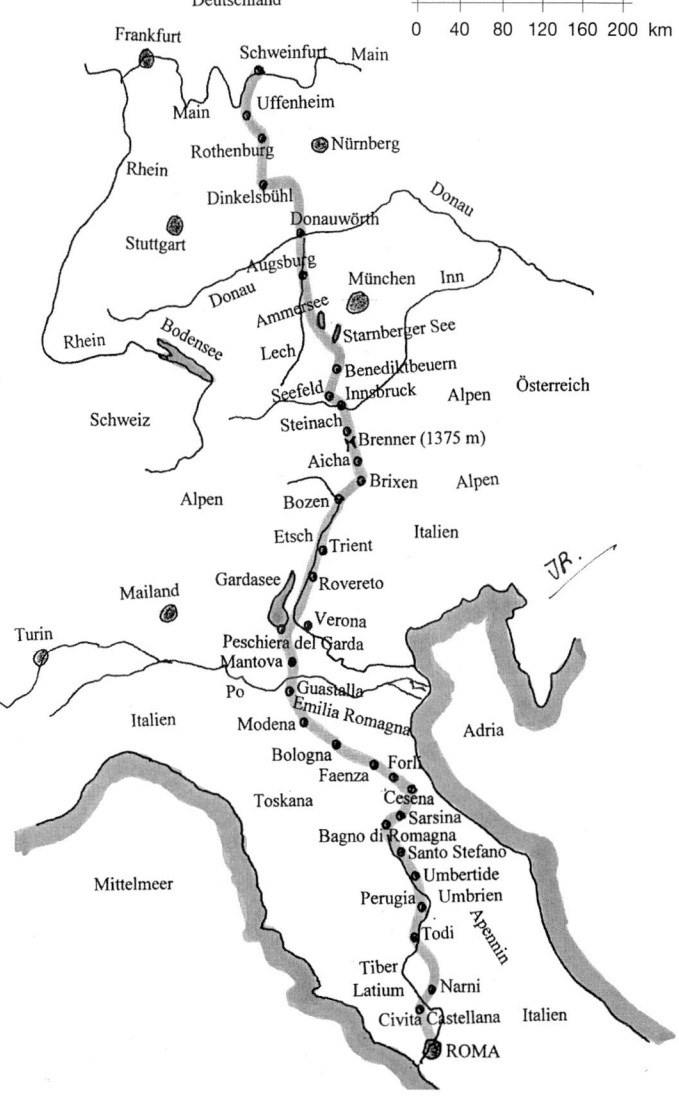

11

# Erste Etappe 2011
Schweinfurt - Bologna
965 Kilometer
Samstag, 28. Mai 2011 bis Sonntag, 12. Juni 2011
(einschl. Rückreise mit dem Zug)

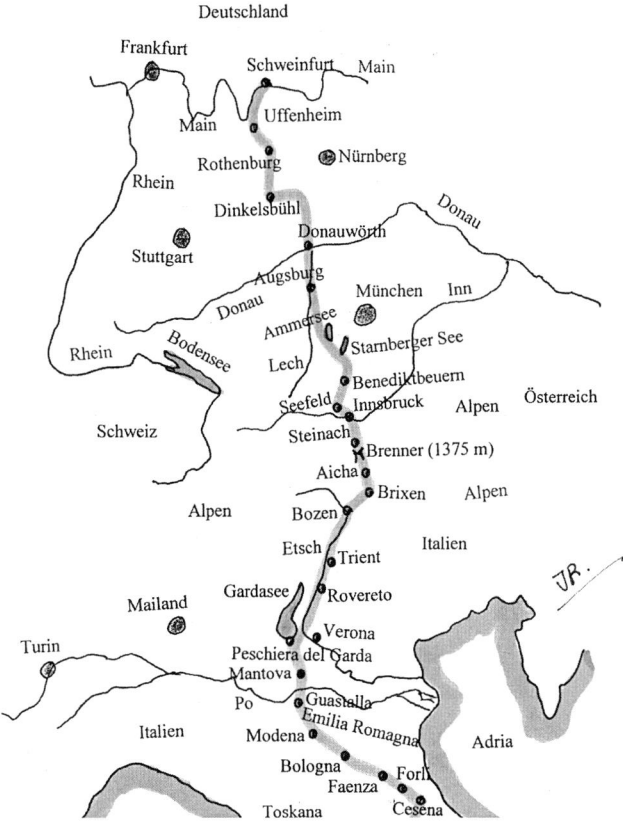

**Samstag, 28. Mai 2011**
Schweinfurt – Uffenheim

Eine weitere Reise beginnt, mit einem neuen Ziel. Nach Santiago de Compostela, der Nummer drei unter den christlichen Pilgerzielen, will ich nun die Nummer zwei in Angriff nehmen, Rom, die Ewige Stadt am Tiber. Für die erste Etappe habe ich wieder zwei Wochen eingeplant. Das müsste reichen, die Alpen zu überqueren und bis nach Verona zu gelangen. Sollte alles perfekt laufen, könnte sogar Bologna erstes Etappenziel werden. Das Fahrrad ist startklar, der Kundendienst durchgeführt, sodass ich mich wie immer voll und ganz auf die Technik verlassen kann. Packtaschen und Rucksack sind reisefertig. In den letzten Wochen war intensives Training in Rhön und Spessart angesagt, meine Kondition ist gut, es kann losgehen.

Kurz nach 8 Uhr breche ich auf. Wolken verdecken den Himmel, doch Regen fällt keiner. Auf dem Maintalradweg strample ich in freudiger Erwartung neuer Abenteuer gen Süden, vorbei an den ersten Weinbergen bei Stammheim und der idyllischen Mainfähre von Fahr. Lange galt der Silvaner als typischer Frankenwein. Mittlerweile kommt aber der Müller-Thurgau am häufigsten vor. Der Bocksbeutel ist die typische Flaschenform des Frankenweins. Bald grüßt zu meiner Linken die spätgotische Wallfahrtskirche Maria im Weingarten vom Volkacher Kirchberg, bekannt durch die schwebende Madonna im Rosenkranz von Tilman Riemenschneider. Der Himmel lockert auf und die Sonne zeigt sich jetzt immer öfter. In Volkach stocke ich in einer Bäckerei am Sommeracher Tor meine Verpflegung auf und peile die

Abtei Münsterschwarzach an, ein wichtiges Kloster der Missionsbenediktiner in Deutschland. Hier wirkt unter anderem Anselm Grün, Autor zahlreicher geistlicher Bücher. An der Pforte erhält mein neuer Rom-Pilgerausweis seinen ersten Stempel und ein Mönch schickt mich mit guten Wünschen auf die Reise.

Noch ist mir das Gelände vertraut. In Kitzingen befreie ich am Mainufer meinen Rücken kurz vom Gewicht des Rucksacks, setze mich auf eine Bank und hole Proviant für eine Stärkung hervor. Schon bald umringen mich Enten und Tauben, die sich einige Krümel meiner Mahlzeit erhoffen. Eine kleine hellbraune Ente lahmt am rechten Fuß. Meine Gedanken kreisen noch um die Frage, wie beschwerlich sie wohl durch ihr kleines Entenleben hindurch würde humpeln müssen, da fliegt sie auch schon los und landet weit draußen im Fluss. Sie ist also doch mobiler als angenommen. Über die alte Mainbrücke erreiche ich den Radweg am anderen Ufer. In Marktbreit beginnt dann Neuland und ich nehme die Karte zur Hand. Über Obernbreit führt mein Weg weiter nach Uffenheim, dem geplanten Ziel für heute.

Am späten Nachmittag treffe ich dort ein und informiere mich an einer Infotafel über Hotels und Gasthäuser. Direkt in der Ortsmitte wird mir ein preisgünstiges Zimmer angeboten. Nach einer wohltuenden Dusche gehe ich auf Erkundungstour. Die Abendsonne wärmt und die Farben sind sehr intensiv. An der Herz-Jesu-Kirche informiert ein Aushang über ein Benefizkonzert am heutigen Abend. Spontan entscheide ich mich, diese Veranstaltung zu besuchen. Bis dahin ist aber noch viel Zeit und ich schlendere weiter durch den Ort. Um

*28. Mai 2011, Maria im Weingarten bei Volkach*

*28. Mai 2011, Kloster Münsterschwarzach*

19.30 Uhr hat sich die Kirche gefüllt und das Konzert beginnt. Neben religiösen Liedern werden auch weltliche vorgetragen. Die Musik ist wunderbar! Mal singt der ganze Chor, mal nur ein paar Solisten. Die Entscheidung, hierher gekommen zu sein, war absolut richtig. In der Pause verlassen wir alle die Kirche. Draußen vor dem Eingang wird Sekt und Orangensaft ausgeschenkt und auf kleinen Tischen steht Knabbergebäck. Die Menschen kennen einander, haben sich viel zu erzählen und lachen ausgiebig. Wird man mich als Fremden wahrnehmen? Ich besorge mir ein Glas Orangensaft und geselle mich mitten unter die Leute. Aber keiner spricht mich an. Fällt denn niemandem auf, dass ich hier fremd bin? Natürlich könnte ich jetzt den Anfang machen und mit einer einfachen Bemerkung das Gespräch beginnen. Aber ich bin müde und ein passender Einstieg fällt mir auch nicht ein. Der zweite Teil des Konzerts wird eingeläutet und als es bereits zu dämmern beginnt, verlassen wir alle zufrieden die Kirche und ziehen unserer Wege. Meiner führt zurück in ein Hotelzimmer.

**Gedanken des Tages:**
Der Alltag verblasst, ein neuer Rhythmus beginnt
Noch ist das Ziel das Ziel, der Weg wird es erst, wenn ich zur Ruhe gekommen bin

**Tagesleistung: 85 Kilometer**
Landgasthof Lichterhof, Uffenheim, 24 Euro, Ü mit F (Übernachtung mit Frühstück)

## Sonntag, 29. Mai 2011
Uffenheim – Dinkelsbühl

Sonniger Morgen, Stärkung am Frühstücksbuffet und dann ab in Richtung Rothenburg ob der Tauber. Die Straße führt in leichten Wellen nach Süden. Das geringe Verkehrsaufkommen zu dieser frühen Morgenstunde lässt mich entspannt dahingleiten. Im Norden verschwindet der Schwanberg langsam in der Ferne. Es wird wärmer und eine meiner vielen Jacken muss weg. Der Morgen war ziemlich frisch und warme Kleidung ratsam, um nicht schon während der ersten Tage eine Erkältung zu riskieren. Doch jetzt wärmt die Sonne, da braucht man keine Angst mehr zu haben.

Ich erreiche Rothenburg ob der Tauber, fahre durch eines der mittelalterlichen Stadttore und treffe auf die ersten japanischen Touristen. Das war auch nicht anders zu erwarten, denn Rothenburg ist nun mal eine weltbekannte Touristenattraktion an der Romantischen Straße. Gilt doch der Ort im Ausland als das Beispiel einer mittelalterlichen deutschen Stadt. Jährlich findet hier auch das Festspiel „Der Meistertrunk" statt. Nach der Einnahme der Stadt im Dreißigjährigen Krieg durch die Truppen des Generals Graf von Tilly leerte der damalige Bürgermeister Georg Nusch auf einen Zug einen Krug mit 3,25 Liter Wein, und bewahrte so die Stadt vor der Zerstörung. Mein erster Gang führt mich zur gotischen Stadtpfarrkirche St. Jakob, in deren Stille ich einen Augenblick verweile. Hier findet sich auf der Westempore das berühmte Heiligblut-Retabel von Tilman Riemenschneider für eine Heilig-Blut-Reliquie.

Draußen bricht eine Gruppe Motorradfahrer auf. Beeindruckend, wie ihre schweren Maschinen an mir vorbeiziehen. Mein Fahrrad wirkt dagegen klein und zerbrechlich, ist aber mein Gefährt auf dem langen Weg nach Süden. An einigen markanten Stellen in Rothenburg fotografiere ich eine Weile mit den Asiaten um die Wette und suche dann wieder die Ruhe vor den Toren der Stadt. Der Himmel strahlt in blau und mein Rad trägt mich durch das grüne Tal der Tauber. Schön ist es hier, Wiesen mit bunten Blumen, Dorfkirchen in der Ferne und eine Landstraße mit wenig Verkehr. Am frühen Nachmittag will die Frankenhöhe überwunden werden und die Temperatur steigt an. Ich kämpfe mich eine langgezogene Steigung hinauf, überquere die Anhöhe und erreiche Feuchtwangen. Dort wird an einer Tankstelle der Wasservorrat aufgefüllt und Schokolade zur Stärkung gekauft. Und weiter geht's in Richtung Dinkelsbühl.

Im Schein der Spätnachmittagssonne liegt sie dann vor mir, die historische Perle Dinkelsbühl an der Romantischen Straße, mit ihrem gut erhaltenen spätmittelalterlichen Stadtbild. Durch eines der Stadttore gelange ich in die Altstadt, laufe durch die Gassen und halte schon mal nach einer Übernachtungsmöglichkeit Ausschau. In den Hotels und Gasthäusern im Zentrum wird es am Abend und in der Nacht sicher laut sein. Aber der Tag ist ja noch relativ jung, da kann ich in aller Ruhe suchen. Abseits der Hauptstraßen, in einer kleinen Gasse, findet sich ein Gasthaus, das mir sofort gefällt. Dieses Bauwerk strahlt Ruhe und Gemütlichkeit aus. Ich trete ein, frage nach einem Zimmer, werde freundlich begrüßt und stehe schon bald in einem wunderschönen

Raum. Das Ganze ist nicht billig, liegt dafür aber zentral in der Altstadt.

Duschen, umziehen und dann hinaus auf Erkundungstour. Ich schlendere durch die Gassen, besteige den Turm der Stadtpfarrkirche St.Georg, genieße den herrlichen Rundblick über die Dächer und Plätze der Stadt, umrunde danach einen Teil der historischen Stadtmauer und kann kaum aufhören, bei diesem intensiven Licht die Mauern und Türme vor dem Panorama eines strahlend blauen Abendhimmels zu fotografieren. Wie wird das wohl alles im tiefsten Mittelalter ausgesehen haben? Die Türme geschmückt mit Fahnen, edle Ritter auf Pferden, hübsche Burgfräulein an den Fenstern und viel Volk zu Fuß oder mit Fuhrwerken vor und hinter den Mauern. Für einige war das bestimmt eine schöne Zeit, für viele aber sicher nicht.

Dann macht sich mein Magen bemerkbar – Zeit, sich ein Wirtshaus zu suchen. Die Terrasse eines solchen mit Blick auf ein Stadttor lädt zum Verweilen ein. Zufrieden, aber bereits etwas müde nehme ich Platz, bestelle mir ein leckeres Nudelgericht, dazu ein kühles Weißbier und lasse es mir schmecken. Und wie das schmeckt! Das habe ich mir heute aber auch redlich verdient. Gestärkt und gut gelaunt streife ich weiter durch den Ort, komme erneut zur spätgotischen Hallenkirche St. Georg, in der gerade eine Maiandacht beginnt, und trete ein. Nach der Andacht erhält mein Pilgerausweis den Stempel dieser Kirche. Müde, aber zufrieden mit diesem Tag, kehre ich in mein Zimmer zurück, lege mich ins Bett und lasse die beiden Fenster weit offen. Der Nachtwächter zieht draußen seine Runden, bläst vor meinem Fenster in sein Horn

*29. Mai 2011, Rothenburg ob der Tauber*

*29. Mai 2011, Dinkelsbühl an der Romantischen Straße*

20

und erzählt Geschichten. Zusammen mit den Mauern und Türmen dieser Stadt wird er mich heute Nacht vor Bären, Wölfen und Räubern aus den umliegenden Wäldern beschützen. Da kann mir ja gar nichts passieren.

Draußen ist es bereits dunkel, ich bin schon fast eingeschlafen, da versucht jemand von außen meine Zimmertüre aufzuschließen. Kann ja mal vorkommen, dass sich einer in der Türe irrt. Der Schlüssel steckt von innen, da sollte eigentlich niemand ins Zimmer gelangen können. Sollte! Doch dann geht die Türe auf und eine Frau erscheint im Rahmen. Sie ist im ersten Augenblick ziemlich überrascht, hier einen Gast vorzufinden, und entschuldigt sich sofort. Sie tut das aber nicht etwa auf Deutsch, nein, sie spricht Englisch. Wann ich morgen frühstücken wolle, möchte sie wissen. Warum spricht die Frau eigentlich Englisch mit mir? Ich antworte ebenfalls in Englisch. Sie entschuldigt sich nochmals für ihr Eindringen und schließt die Türe von außen wieder zu. Eigenartig! Vielleicht löst sich dieses Rätsel ja morgen früh auf.

**Gedanken des Tages:**
Glück ist ein Weißbier in der Abendsonne
Vergangenheit strahlt Ruhe aus. War diese vergangene Zeit aber wirklich eine ruhige Zeit?
Vor dem Weitblick liegt der Aufstieg

**Tagesleistung: 68 Kilometer**
Hotel Weißes Ross, Dinkelsbühl, 56 Euro, Ü mit F

## Montag, 30. Mai 2011
Dinkelsbühl - Donauwörth

Das Frühstück ist ein Traum und der gemütliche Raum wunderschön. Da außer mir kein weiterer Gast übernachtet hat, gehört mir heute Morgen das Buffet ganz alleine. Frisch gestärkt kann ein neuer Tag beginnen.

Auch löst sich das Rätsel, warum die Frau gestern Abend in mein Zimmer kam und Englisch sprach. Sie ist die Chefin des Hauses und hat mich, den einzigen Übernachtungsgast, gesucht, um herauszufinden, wann ich frühstücken möchte, damit ihre Frühstückshilfe wusste, bis wann sie das Buffet herrichten sollte. Ihr wurde gesagt, der einzige Gast sei ein Engländer. Wieso, ist mir völlig unklar. Ich habe mich gestern bei der Anmeldung deutlich als Deutscher eingetragen. Irgendwie muss da etwas komplett schief gelaufen sein. Jetzt lachen wir darüber, können uns aber immer noch nicht erklären, wieso die Tür trotz Schlüssel im Schloss von außen geöffnet werden konnte!

Dann bin ich startklar, schiebe mein Rad langsam durch die Gassen dieser romantischen Stadt und fahre bei herrlichem Sonnenschein nach Osten, dem Ries entgegen. Schon bald verschwinden die Dächer und Türme von Dinkelsbühl im Westen und im Osten taucht am Horizont der Hesselberg auf. Bei sehr klarem Wetter kann man von dort oben die weit entfernten Alpen sehen. Doch diesen Ausblick gibt's leider nicht umsonst, 689 Meter wollen überwunden werden und das braucht Zeit. Die würde mir aber fehlen, mein heutiges Ziel zu erreichen. Also betrachte ich den Berg lieber von unten, stelle mir den Weitblick vor und fahre dann zügig an ihm vorbei nach Wassertrüdingen. Die Sonne brennt wieder heiß und es ist Zeit, Wasser nachzukaufen.

Über Oettingen führt die Strecke nun auf gut markierten Radwegen nach Süden, durch das Nördlinger Ries, einem der am besten erhaltenen großen Impaktkrater der Erde. Bei Harburg bricht sich die Wörnitz einen Weg durch die Schwäbische Alb. Hoch über dem Ort thront die Burg Harburg, Den ganzen Tag über scheint die Sonne von einem strahlend blauen Himmel. Ich muss daher viel trinken und meine Vorräte gehen langsam zur Neige.

Schon von weitem grüßen die Türme von Donauwörth ins Land. Am Rande der Altstadt steige ich ab, laufe langsam durch die Straßen und versuche mich zu orientieren. Wo könnte ich heute übernachten? Ein Schild weist den Weg zur Jugendherberge. Seit Jahren bin ich Mitglied im Jugendherbergswerk und habe diesmal meinen Ausweis dabei. Das Haus liegt am nördlichen Stadtrand in einer ruhigen Seitenstraße und macht einen sehr guten Eindruck. Der Empfang ist herzlich und mir wird ein Einzelzimmer im dritten Stock mit Blick auf die Altstadt angeboten.

Den Abend verbummle ich zufrieden in der Stadt, setze mich in der Fußgängerzone auf die Terasse eines Restaurants, bestelle mir etwas Leckeres zu Essen und ein schönes Weißbier. Für einen Augenblick trifft mich der Himmel auf Erden. Die Abendsonne wärmt, die Farben leuchten, das Essen schmeckt, das Bier erfrischt, Menschen lachen und mir geht es gut.

*30. Mai 2011, im Nördlinger Ries*

*30. Mai 2011, Donauwörth*

Zurück in der Herberge muss ich feststellen, dass mir die Sonne heute gehörig das Gesicht verbrannt hat. Durch den Fahrtwind ist mir das im Laufe des Tages gar nicht so richtig bewusst geworden. Aber jetzt leuchtet meine Nase ziemlich rot im Spiegel und die Haut brennt. Natürlich habe ich heute Morgen das Eincremen vergessen und will das jetzt schnell nachholen. Danach fühlt sich mein Gesicht aber an, als stünde alles in Flammen. Selbst schuld, Johannes, daran hättest du heute Morgen denken sollen, nicht erst jetzt!

Dämmerung legt sich über Stadt und Land und überall gehen die Lichter an. Ich sitze vor dem offenen Fenster und schaue einfach nur zu, wie die Nacht langsam aufzieht. Ruhe kehrt ein.

**Gedanken des Tages:**
Und wieder wurde perfekt für mich gesorgt
Von der Schönheit eines solchen Tages kann man noch lange zehren

**Tagesleistung: 79 Kilometer**
Jugendherberge Donauwörth, 23,40 Euro, Ü mit F

## Dienstag, 31. Mai 2011
Donauwörth – Weil (bei Landsberg am Lech)

Ich verlasse Donauwörth und fahre hinaus in die Lechebene. Dank einer detaillierten Karte klappt die Orientierung und mein Rad rollt über ruhige Landstraßen und Uferwege direkt am Lech Augsburg entgegen. Anhand der gefahrenen Kilometer kann ich meine Position auf der Karte schätzen. Dann tauchen die Außenbezirke Augsburgs auf. Der Name der Stadt geht auf die römische Provinzhauptstadt Augusta Vindelicorum zurück, die 15 v. Chr. als Legionslager unter dem römischen Kaiser Augustus gegründet wurde. Damit gehört die „Fuggerstadt" zu den ältesten Städten Deutschlands. Mit dem Fahrrad in eine Großstadt hinein- und dann auch wieder herauszukommen, ist nicht immer einfach. Auch hier und heute trifft das leider wieder zu. Ich folge Hinweisschildern, frage Passanten und gelange endlich ins Zentrum. Der Rhythmus dieser großen Stadt pulsiert lebhaft um mich herum. Ich aber sehne mich schon bald nach ländlicher Ruhe, will mir vorher aber unbedingt noch die Fuggerei ansehen, die älteste bestehende Sozialsiedlung der Welt. Jakob Fugger stiftete 1521 diese Reihenhaussiedlung, in der noch heute 150 bedürftige katholische Bürger Augsburgs in den 140 Wohnungen der 67 Häuser für eine Jahres(kalt)miete von 0,88 Euro leben. Dafür beten sie täglich einmal ein Vaterunser, ein Glaubensbekenntnis und ein Ave Maria für den Stifter und dessen Familie. Bis heute wird die Sozialsiedlung aus dem Stiftungsvermögen Jakob Fuggers unterhalten. Am Eingang zur Fuggerei verlangt man jedoch auch von denjenigen Eintritt, die nur kurz einmal durch das Innere laufen möchten und gar keine Zeit haben, all die Angebote wahrnehmen zu können, die im Preis mit inbegriffen sind. Doch da ist nichts zu machen! Kein Geld, kein Eintritt. Da bleibt mir nur die Ansicht von außen.

Augsburg mit dem Rad in südöstlicher Richtung wieder zu verlassen, ist schwierig, gelingt aber und ruhigere Gefilde warten auf mich. Auf dem Radweg nach Mering komme ich gut voran. Laut Plan soll die Fahrt heute noch ein Stück in Richtung Ammersee gehen, in etwa bis Moorenweis. Soweit die Theorie, die Praxis sieht dann wie so oft ganz anders aus. Vor Egling hängen tiefschwarze Gewitterwolken links von mir am Alpenrand. Das sieht auch aus der Ferne sehr bedrohlich aus, ein Eindruck, den gelegentlicher Donner noch verstärkt. In diese Richtung sollte besser nicht gefahren werden. Rechts von mir, im Südwesten, zieht bereits das nächste Unwetter auf. Nur direkt nach Süden verläuft ein schmaler heller Streifen. In diese Richtung will ich fahren und mir umgehend ein Zimmer suchen, bevor der Himmel sicher bald seine Schleusen öffnen wird. Das ist aber leichter gesagt als getan. In Egling findet sich keine Übernachtungsmöglichkeit, aber in Pestenacker, fünf Kilometer weiter, gebe es ein Gasthaus. Leichter Nieselregen setzt ein. Ich beschließe weiterzufahren, erreiche Pestenacker, finde das Gasthaus, der Regen wird stärker und am Dienstag ist Ruhetag. So jedenfalls liest sich der Aushang am Eingang und heute ist Dienstag und der Regen nimmt zu. Ein großer Kastanienbaum bietet erst einmal Schutz vor der Nässe und Zeit zum Nachdenken. Eine Tür auf der Rückseite des Hauses steht offen. Auf mein Rufen hin erscheint eine Frau, ihre Auskunft ist aber ernüchternd. Da man hier einen Reisebus erwarte, seien alle Zimmer ausgebucht. Noch einmal fünf Kilometer weiter, in Weil, befinde sich ein weiteres Gasthaus. Man könne dort für mich anrufen. So lässt sich zumindest in Erfahrung bringen, dass dort noch ein Zimmer zu haben ist.

Nach einer kurzen Pause unter dem Kastanienbaum lässt der Regen nach. Also gut, noch einmal fünf Kilometer weiter nach Süden. Der Regen setzt wieder ein und es wird kälter. Dann taucht Weil auf. Hier geht jetzt alles recht schnell. Ich bekomme ein Zimmer, darf mein Rad unterstellen und stehe schon bald unter einer heißen Dusche. Was draußen passiert, ist mir jetzt egal. Hier im

*31. Mai 2011, in der Lechebene vor Augsburg*

Zimmer ist es trocken und warm. Am Abend taucht die Sonne doch noch einmal auf, ich mache einen Rundgang durchs Dorf und komme mit einigen Bewohnern ins Gespräch. Wir reden über meine Reise und natürlich übers Wetter. Das sieht aber gar nicht gut aus. Zurück im Gasthaus macht sich großer Hunger bemerkbar. Dem kann abgeholfen werden, meint die Wirtin und serviert mir ein leckeres Schnitzel mit hausgemachtem Kartoffelsalat. Zusammen mit einem Radler schmeckt das ganz vorzüglich.

Mitten in der Nacht weckt mich das Geräusch heftigen Regens draußen vor dem Fenster. Der Blick hinaus ist ernüchternd. Es schüttet! Das kann morgen ja heiter wer-

*31. Mai 2011, Augsburg, Fuggerei*

den, denke ich und krieche schnell wieder ins warme Bett zurück.

**Gedanken des Tages:**
Versperren Naturgewalten den Weg, ist es vernünftiger, diesen zu ändern

**Tagesleistung: 88 Kilometer**
Landgasthof Probst, Weil (bei Landsberg am Lech), 35 Euro, Ü mit F

**Mittwoch, 01. Juni 2011**
Weil (bei Landsberg am Lech) - Benediktbeuern

Heute bin ich auf alles gefasst, rechne mit einem nass-kalten Tag und ziehe mich warm an. In den Satteltaschen und im Rucksack wird alles so platziert, dass auch bei Dauerregen nichts nass werden kann, dann bin ich startklar. Leicht nieselt der Regen, der Himmel ist grau, die Stimmung auch. Wird mich die Natur heute richtig duschen?

Auf ruhigen Landstraßen gleitet mein Rad durch eine nassgraue Brühe in Richtung Südost. Wie habe ich mich auf den Ammersee und den Starnberger See gefreut. Bei schönem Wetter muss die Landschaft hier traumhaft sein, man könnte sogar schon die Alpen sehen. In Utting ist der Ammersee erreicht, doch von traumhafter Landschaft ist nicht viel zu erkennen. Der Kirchturm vom Kloster Andechs reckt sich auf der gegenüber liegenden Seeseite in den Himmel, doch ein Bild lohnt sich nicht, alles ist nur grau in grau. Zum Glück bleibt es relativ trocken. Der ekelige Nieselregen hat tatsächlich aufge-hört, die befürchtete Dusche blieb bis jetzt aus. Wird das aber so bleiben? Bei Dießen verweile ich kurz am See-ufer und versuche mir das Ganze bei schönem Wetter vorzustellen. Das gelingt aber nicht wirklich. Graue Wasserfläche, bedeckter Himmel, leichte Nebelschwa-den, da fährt man am besten weiter.

Bei Pähl folgt ein Anstieg hinüber zum Starnberger See, eine Landstraße führt nach Seeshaupt. Auch hier verbessert sich das Wetter leider nicht, bleibt aber trocken und das sollte positiv gesehen werden. Ich setze mich auf eine Bank am Seeufer, halte für einen Augenblick inne und höre die Stille. Niemand ist hier unterwegs, was bei diesem Klima auch nicht verwundert. Aber alleine am Ufer zu sitzen, zufrieden, die Tour bis hierher geschafft zu haben, hat auch seinen Reiz. Das heutige Ziel, das Kloster Benediktbeuern, ist nicht mehr weit. Ich liege somit genau im Plan, wollte in fünf Tagen vom Main bis an den Rand der Alpen fahren und werde dieses Ziel heute Abend punktgenau erreichen. Bisher ohne Pannen und bei guter Kondition.

Nach einer Pause greife ich die letzten Kilometer des Tages an, muss aber in Penzberg erst einmal anhalten, um dringend etwas zu kaufen. Obwohl ich Ersatzunterhosen auf meiner Gepäckliste abgehakt habe, sind diese nicht im Gepäck! Ich habe sie ganz einfach vergessen, was ich gestern Abend mit Schrecken feststellen musste. Aber das macht nichts, wir sind ja hier nicht in der Wüste. So etwas kann man sich doch auf der Strecke zukaufen. Und genau das mache ich jetzt in Penzberg.

Am Alpenrand verdeckt dichter Nebel den Blick auf die Berge. Bei diesem Wetter lässt sich nur erahnen, wo sich die Benediktenwand befinden könnte, zu sehen ist sie nicht. Ich erreiche das Kloster Benediktbeuern, eine ehemalige Abtei der Benediktiner und heute eine Niederlassung der Salesianer Don Boscos. Die Klosterkirche St. Benedikt ist eine der ersten bedeutenden Barockkirchen auf dem Land in Oberbayern. In der Klosterbibliothek wurden die Carmina Burana, eine Sammlung von Vagantenliedern aus dem 13. Jahrhundert, gefunden.

*01. Juni 2011, Ankunft am Rande der Alpen*

*01. Juni 2011, Kloster Benediktbeuern*

In der Jugendherberge wird mir ein Bett in einem Siebenbettzimmer zugewiesen, in dem ich heute Nacht aber allein sein werde. Während der Vesper um 17.45 Uhr in der Hauskapelle stellt sich dann ein Gefühl der Ruhe und Zufriedenheit ein. Anschließend wartet im Speisesaal der Jugendherberge das Abendessen auf mich, und zwar eines meiner Lieblingsgerichte, Spaghetti Bolognese mit Parmesan. Mehrere Schulklassen sind heute Abend anwesend, da ist ganz schön was los. Erinnerungen an die eigene Schulzeit werden wach, vor allem an die Aufenthalte im Schullandheim. Große Schüsseln mit dampfenden Nudeln und Soßen stehen auf den Tischen und jeder bedient sich selbst. Für einen Augenblick kehrt die Jugend zurück. Danach ist das Geschirr aufzuräumen, die Tische sind abzuwischen, alles schon so lange her.

Nach dem Abendessen will ich noch etwas an die frische Luft und setze mich auf eine Bank in die Stille vor die beiden Türme der Klosterkirche. Danach wird der Ort erkundet, viel ist dort aber nicht los. Als der Himmel wieder undicht wird, kehre ich auf mein Zimmer zurück, bereite mein Bett vor, erspare mir das langwierige Beziehen, indem ich meinen Schlafsack ausbreite, lasse das Fenster offen, lese noch etwas und schlafe ein.

**Gedanken des Tages:**
Angekommen - am Rande der Alpen und in der Ruhe eines Klosters
Den Bergen ganz nahe zu sein vermittelt ein Gefühl der Geborgenheit
Glück gehabt, die große Nässe blieb heute aus

**Tagesleistung: 77 Kilometer**

Jugendherberge Don Bosco. Kloster Benediktbeuern, 23,20 Euro, Ü mit F

## Donnerstag, 02. Juni 2011
Benediktbeuern - Seefeld in Tirol


Heute ist Christi Himmelfahrt. Während der Laudes um 7.30 Uhr heißen wir in der Stille des Morgens den neuen Tag willkommen. Meine Gedanken fliegen bereits über das Gebirge, an dessen nördlichem Rand ich gerade bin. Wenn alles gut geht, könnte schon in wenigen Tagen die Südseite erreicht sein. Wird aber alles nach Plan verlaufen? Johannes, vertraue mehr und hoffe weniger! Aber das sagt sich so leicht.


Nach den Laudes folgt das Frühstück. Dann heißt es aufsitzen und hinaus in den grauen Morgen radlen, den hinter Nebelschwaden verborgenen Gipfeln entgegen. Regentropfen fallen keine, das ist schon mal ein gutes Zeichen. Hinter Kochel am gleichnamigen See folgt der Einstieg ins Gebirge. Die Kesselbergstraße windet sich bis auf 858 Meter nach oben, und die wollen überwunden werden. Dafür ist reichlich Zeit eingeplant. Ich laufe und schiebe Rad und Gepäck Meter für Meter nach oben. Je höher ich komme, umso feindlicher verhält sich die Natur. Es ist kalt, nebelig und leider setzt auch wieder Regen ein.


Nach der Passhöhe liegt der Walchensee in herrlich nassgrauer Einheitsbrühe vor mir. Was für ein Anblick! Normalerweise präsentiert sich dieser See erfrischend grünblau, doch heute tut er das nicht. Aber nach diesem Anstieg war auch gar nichts anderes zu erwarten. Das Nass von oben lässt nach, ich erreiche Mittenwald und überfahre bei Scharnitz die Grenze nach Tirol. Ein Grenzstein ist nirgends auszumachen. Erinnerungen an die Kindheit werden wach. Damals fuhr mein Großvater mit mir über genau diese Grenze. Es war tiefster Winter, bereits dunkel und draußen lag viel Schnee. Gespannt blickte der kleine Junge, der ich damals war, aus dem Fenster, um meine erste Grenze auf gar keinen Fall zu verpassen. Etwas musste da ja wohl zu sehen sein, ein Zaun vielleicht, ein Tor, ein Schild? Auf jeden Fall irgendetwas Besonderes, was man sich als Kind eben so vorstellt. Dann waren wir in Tirol, und ich hatte die Grenze nicht gesehen und spüre noch heute die Enttäuschung. Und genau wie damals, ist diese Grenze auch heute wieder unsichtbar. Nach Scharnitz steigt die Straße an. Immerhin liegt Seefeld auf fast 1.200 Meter Höhe, und die wehren sich gewaltig. Der Himmel reißt auf, blaue Fetzen schimmern durch weiße Wolken, die Strahlen der Sonne wärmen. Zeit, den dicken Pullover unter der Regenjacke auszuziehen, der noch heute Morgen so dringend gebraucht wurde.

Am Ortsrand von Seefeld wartet ein geräumiges Zimmer mit Balkon in ruhiger Lage nur darauf, von mir in Besitz genommen zu werden. Perfekt! Nach einer heißen Dusche, die nach dem nasskalten Morgen auch dringend nötig war, wird der Ort erkundet. Seefeld ist ein bekanntes Wintersportzentrum und eine der am stärksten besuchten Tourismusgemeinden Österreichs. Der Skikurs der Kinderzeit liegt schon zu lange zurück, als dass ich mich noch auskenne. Viel hat sich hier verändert, jede Menge neuer Hotels wurde gebaut und eine Fußgängerzone ersteckt sich jetzt dort, wo damals noch Autos fuhren. Am späten Nachmittag schützt ein T-Shirt reichlich wenig gegen den kalten Wind. Um mich nicht zu erkälten, peile ich das Sportzentrum an, setze mich

*02. Juni 2011, Walchensee*

*02. Juni 2011, Blick zurück auf Scharnitz in Tirol*

dort in eine Gaststube und lasse mir eine Pizza und ein Radler schmecken. Das tut gut. Satt und aufgewärmt nutze ich auf dem Rückweg ein Münztelefon, um mich Zuhause wieder einmal zu melden.

**Gedanken des Tages:**
Die Alpen empfingen mich heute nicht gerade mit offenen Armen
Bilder aus der Kindheit und die Realität passten heute in Seefeld nicht mehr zusammen

**Tagesleistung: 58 Kilometer**
Hotel Garni Dietrich, Seefeld/Tirol, 40 Euro, Ü mit F

## Freitag, 03. Juni 2011
Seefeld/Tirol - Steinach am Brenner

Das Rad den Zirler Berg nach Innsbruck hinunter rollen zu lassen, sollte nicht schwer sein. Doch daraus wird nichts. Schon nach wenigen Metern weist ein Schild am Straßenrand darauf hin, dass Radfahren ab Leithen verboten ist. Wieso das denn? An einer Tankstelle folgt die Aufklärung. Wegen des großen Gefälles von 16% ist das Radfahren zwischen Leithen und Zirl tatsächlich verboten. Einige Radler ignorieren das aber. Werden sie jedoch von der Polizei erwischt, wird's teuer. Per Rad kommt man nur über Telfs hinunter ins Inntal. Dieser Ort liegt aber weiter im Westen und würde für Innsbruck einen Umweg bedeuten. Ich entscheide daher, lieber drei Kilometer bergab zu laufen, als zwanzig Kilometer zusätzlich zu fahren.

Bis Leithen bleibe ich im Sattel. Dann beginnt die verbotene Strecke auch gleich mit einem ordentlichen Gefälle. Also, absteigen und laufen. Da blutet das Herz des Radlers. Wie schnell wäre ich jetzt da unten, wie leicht und mühelos! Doch ein solch starkes Gefälle ist sicher nicht ungefährlich, sollten die Bremsen versagen. Ich bin also vernünftig, steige ab und laufe. Nach rund der Hälfte der Strecke ließ sich noch immer keine Polizei blicken und ich beginne bereits zu hadern. Vielleicht hätte ich doch fahren können, ohne erwischt zu werden. Da biegt auch schon das erste Polizeiauto um die Kurve und kurze Zeit später folgt ihm ein Polizeimotorrad. Glück gehabt! War doch vernünftig, sich an die Regeln gehalten zu haben, aus Gründen der eigenen Sicherheit und natürlich auch um den Geldbeutel zu schonen.

Ab Zirl sitze ich wieder im Sattel und radle am Inn entlang nach Osten. Innsbruck taucht auf, die Landeshauptstadt des Bundeslandes Tirol und fünftgrößte Stadt Österreichs. Die Richtung zur alten Brenner-Bundesstraße ist gut ausgeschildert, die Orientierung klappt. Dann beginnt der lange Anstieg zum Brenner. Zuerst steigt die Straße an. Der Himmel hat mittlerweile die Farben gewechselt, weiß-blau dominiert. Insgeheim ging meine Routenplanung von einem steileren Anstieg aus. Nach den ersten Kurven hinter Innsbruck fällt die Strecke in Richtung Unterberg sogar erst einmal wieder leicht ab. Dann steigt die Straße bis Matrei zwar an, lässt sich aber gut fahren. Das Wetter ist abwechslungsreich, mal gewinnt die Sonne, mal schieben sich Wolken ins Bild, die sich zum Glück aber nicht entleeren. Am frühen Nachmittag taucht Matrei auf. Ich kaufe Wasser und weiter geht's. Die Passhöhe will ich aber heute nicht mehr überfahren, die soll erst morgen früh in aller Frische bezwungen werden.

In Steinach am Brenner ist dann auf 1.048 Meter Höhe Schluss für heute. Hier möchte ich mir ein gemütliches Zimmer nehmen, eine gute Nacht verbringen, um morgen gestärkt die letzte Hürde gen Süden überqueren zu können. Soweit das Gedankenspiel. Die Hotels im Ort, direkt an der Bundesstraße, lassen aber auf keine erholsame Nachtruhe schließen, und so lenke ich meine Schritte in ein ruhigeres Viertel. Vielleicht findet sich dort ein schönes Privatzimmer. Diese Entscheidung ist goldrichtig. Schon bald taucht ein Haus vor mir auf, in dem laut Aushang Privatzimmer zu haben seien. Ich läute, stelle mich als Radler vor und bekomme ein wunderbares Zimmer. Meine Gastgeber sind selbst passio-

*03. Juni 2011, Innsbruck, Tirol*

*03. Juni 2011, Alte Brenner Passstraße nach Innsbruck*

nierte Radfahrer und waren erst kürzlich auf dem Donauradweg unterwegs. Da passen wir ja gut zusammen. Es gibt Zimmer, in die verliebt man sich auf Anhieb. Dieses ist nun wieder so eins. Die Möbel sind aus feinem hellem Holz, die Matraze sehr gut und zwei große Fenster geben den Blick ins Tal und auf die Berge frei. Ich fühle mich hier pudelwohl.

Nach einer kurzen Ruhepause besuche ich die barocke Pfarrkirche, laufe durch die Straßen, finde einen Supermarkt, kaufe ein, setze mich in einen Park und lasse den Tag ausklingen. Wolken ziehen auf und die ersten leichten Tropfen sind zu spüren. Da ist es sicher klüger, rechtzeitig das Zimmer aufzusuchen. In dieser Nacht träume ich bereits von der Südseite der Alpen, auf der die Sonne sicher jeden Tag ausgiebig und intensiv scheinen wird.

**Gedanken des Tages:**
Perfektes Zimmer gefunden - Zufall?
Gewitter sollen aufziehen - werden wir uns treffen?
Ist das nun meine letzte große Alpenüberquerung mit dem Fahrrad?

**Tagesleistung: 51 Kilometer**
Haus Waldheim, Steinach am Brenner, 30 Euro, Ü mit F

## Samstag, 04. Juni 2011
Steinach am Brenner – Aicha/Südtirol

Die Sonne lacht schon früh am Morgen durchs Fenster, Zeit aufzustehen. Die nette Unterhaltung beim Frühstück lässt diesen Tag gut beginnen, dann rollt mein Rad der Passhöhe entgegen. Die 10 %ige Steigung nach Gries erlaufe ich, dann liegt er vor mir, der Brenner auf 1.374 Meter Höhe. Dieser Alpenpass bildete schon zur Römerzeit eine wichtige Verbindung zwischen Italien und den Gebieten nördlich der Alpen. Zwischen 195 und 215 ließ Kaiser Septimius Severus befestigte Straßen errichten. Die Via Raetia führte von Verona und Trient über den Pass nach Veldidena, dem heutigen Innsbruck, und von dort über den Seefelder Sattel bis Augusta Vindelicorum, dem heutigen Augsburg. Seit 1919 verläuft hier oben die Staatsgrenze zwischen Österreich und Italien, die Sprachgrenze liegt aber weiter südlich, am Ende von Südtirol. Die Verständigung in Deutsch sollte also noch einige Tage klappen.

Der Ort Brenner ist völlig mit Autos verstopft, es ist Markttag. Auf einem Parkplatz neben der Straße stehen jede Menge Verkaufsstände. Die Menschen schleppen prall gefüllte Taschen und Tüten zu ihren Fahrzeugen, man könnte fast meinen, es gäbe etwas umsonst. Ich mag diesen Trubel nicht und möchte einfach nur weg, in die Stille der Berge. Endlich gelingt mir dies auch. Der Zugang zum Radweg ist aber nur durch das Gedränge zwischen den Marktständen zu erreichen. Dann aber nichts wie weg hier. Auf der Südtiroler Seite beginnt ein wunderbarer Radweg.

In Gossensaß wechsle ich wieder auf die Hauptstraße, um direkter voranzukommen. Leider setzt jetzt auch wieder Regen ein (der Traum vom sonnigen Süden zerplatzt schon hier) und ich fahre zügig an Sterzing vorbei in Richtung Franzensfeste. Dunkle Regenwolken versperren den Weg nach Süden, Ausweichen unmöglich. Für einen Augenblick reizt mich bei Sterzing der Gedanke, den Jaufenpass in Richtung Meran zu überqueren. Diese Idee verwerfe ich jedoch sofort wieder beim Anblick der Schlechtwetterfront im Westen. Bei Regen muss dieser Zweitausender nun wirklich nicht noch einmal bezwungen werden (2005 war ich schon einmal dort oben). Also weiter in Richtung Franzensfeste. Dieses Bauwerk wurde unter Kaiser Ferdinand I. errichtet, nach Kaiser Franz I. von Österreich benannt, und sollte die wichtige Verkehrsverbindung durch das obere Wipptal über den Brenner nach Norden sichern. Das Nass von oben lässt auch nicht lange auf sich warten. Bei leichtem Nieselregen wird noch gefahren. Als dieser aber zunimmt, kommt mir eine überdachte Bushaltestelle gerade recht. Geduld ist wieder einmal angesagt, so richtig klappt das aber noch nicht. Das Warten nervt! Endlich kann ich weiterfahren und erreiche Aicha, ein kleines Dorf auf 726 m Höhe gleich neben der Franzensfeste. In diesem Ort habe ich 2005 das erste Mal übernachtet. Meine damalige Radtour führte mich von Osten kommend zum Jaufenpass. An Orte zurückzukehren, die man bereits kennt, hat immer etwas Vertrautes.

Die Pension, in der ich damals abgestiegen bin, liegt verlassen vor mir. Alle Fensterläden sind geschlossen und mein Klingeln bleibt erfolglos. Niemand ist da, aber das Wetter ist ja auch nicht gerade ideal. Macht nichts. Am

Ortseingang ist mir ein Gasthof aufgefallen, der Zimmer anbietet und auf dessen Parkplatz einige Autos standen. Dorthin kehre ich jetzt zurück, um mein Glück zu versuchen. Und es ist mir hold. Die freundliche Gastwirtin überreicht mir den Schlüssel ihres letzten freien Zimmers. In Kürze werde eine Reisebusgesellschaft eintreffen, dann sei das Gasthaus für heute Nacht komplett ausgebucht. Wieder einmal Glück gehabt! Das letzte Zimmer ist jetzt meins, draußen setzt Regen ein und ich gehe erst einmal unter die heiße Dusche.

Vor dem Abendessen wandere ich langsam durchs Dorf, verweile einen Augenblick in der Stille der kleinen Dorfkirche, bedanke mich für den bisherigen Reiseverlauf, und kehre in der warmen Abendsonne zum Gasthaus zurück, auf dessen Parkplatz jetzt ein großer Reisebus steht. Im Speisesaal herrscht Hochbetrieb, viele Menschen wollen versorgt werden. Ich hatte mich bereits bei meiner Ankunft zum Essen angemeldet und so kann ich mich nun auch am Salatbuffet bedienen, wähle eine Lasagne als Hauptgericht und ein Stück Apfelkuchen zum Nachtisch. Dazu trinkt der Radler natürlich ein Radler. Um mich herum herrscht eine lebhafte Urlaubsatmosphäre.

Anschließend streife ich noch ein wenig durch die weiten Apfelplantagen, die gleich hinter dem Gasthof beginnen. Die Sonne nimmt an meinem Abendspaziergang leider nicht teil, doch es bleibt trocken und warm. Von hier oben schweift der Blick weit hinunter ins Tal vor Brixen. Schön ist das alles hier, so friedlich und still. Berge, um deren Gipfel sich Wolken ranken, Sonnenstrahlen, die vereinzelt durch graue Schleier brechen und

*04. Juni 2011, Brennerpass (1370 m),*
*Grenze zwischen Österreich und Italien*

*04. Juni 2011, Südtirol, Blick zurück zum Brennerpass (1370 m)*

das leise Rauschen des Verkehrs auf der nahen Brennerautobahn, das die Ruhe aber in keinster Weise stört. Im Gegenteil, dieses leise Rauschen wirkt sogar irgendwie beruhigend, es herrscht keine völlige Einsamkeit.

Ich stehe zwischen Apfelbäumen, sauge die Natur in mich hinein und blicke übers Tal auf die Wälder und Dörfer in der Ferne, und in den Himmel, an dem sich helle und dunkle Wolken die Plätze streitig machen. Der Wind streift meine Haut, und als sich einige Regentropfen dazugesellen, trete ich den Rückweg an.

**Gedanken des Tages:**
Glück ist ein Bergdorf inmitten ausgedehnter Apfelhaine
Im Schoße der Berge ist Geborgenheit nicht nur ein Wort

**Tagesleistung: 58 Kilometer**
Klammerhof, Aicha/Südtirol, 36 Euro, Ü mit F

## Sonntag, 05. Juni 2011
Aicha/Südtirol – Bozen

Der Reisegruppe in ihrem Bus wird herzlich verab-
schiedet, dann kehrt Ruhe ein. Bald ist auch mein Fahrrad startklar. Kurz vor Brixen liegt das Kloster Neustift.
Als ich es erreiche, wird der Himmel wieder undicht. Ich
lehne Rad und Gepäck an eine Seitenwand und erkunde
diesen historischen Ort. Das Kloster Neustift liegt am
Schnittpunkt der wichtigen Nord-Süd-Verbindung über
die Alpen und der Ost-West-Verkehrswege aus dem
Pustertal. Hier konnten die Augustiner Chorherren ihre
Gastfreundschaft gut praktizieren. Neben dem Kloster
wurde auch ein Hospital gegründet, in dem Reisende,
Pilger, Kranke und Arme betreut wurden. Im Weinkeller
des Klosters werden heute eigene Weine, besonders die
auserlesenen Weißweine, angeboten. Im Kreuzgang
herrscht wohltuende Ruhe. Der Geist der Vergangenheit
und die Abwesenheit von Hektik und Stress tun gut,
Stille und Friede kehren ein. Orgelmusik dringt aus der
Stiftskirche, die Sonntagsmesse hat gerade begonnen.
Das prachtvolle Innere der Kirche, die Musik und der
Chorgesang verzaubern. Nach der Messe trifft mich der
Pfarrer in der Sakristei, wir unterhalten uns über meine
Pilgerreise und er bestätigt mein Kommen im Pilger-
ausweis.

Dann nehme ich Abschied und fahre weiter. Das Wetter
wird besser, die Sonne besiegt immer öfter die Wolken
und die Altstadt von Brixen lädt zu einem Bummel ein.
Zeit ist ausreichend vorhanden, ich liege voll im Plan,
muss mich also in keinster Weise beeilen. In unmittel-
barer Nähe des Domes befindet sich ein romanisch-

gotischer Kreuzgang mit berühmten Wandmalereien aus dem 15. Jahrhundert. In diesem Kreuzgang finde ich wieder ein paar Augenblicke des Nachdenkens und der Ruhe.

Im Bahnhof von Brixen unternehme ich dann den ersten Versuch, eine Rückfahrkarte zu erstehen. Dazu folgende Vorgeschichte: Bei meinen Planungen zu Beginn des Jahres stieß ich auf den täglich verkehrenden Nachtzug von Rom nach München. Laut Internet wäre ein Zusteigen in Bologna täglich um 23.30 Uhr möglich. Fahrräder könnten mitgenommen werden, sind aber reservierungspflichtig. Und da begann das Problem. Am Schalter in Deutschland konnte alles gebucht werden, nur nicht das Fahrrad. Dies könnten nur die Italiener, hieß es. Von Zugreisen in Frankreich weiß ich, dass dort nur alles zusammen gebucht werden kann - also die Person, der Liegewagenplatz und das Fahrrad. Nur einen Teil in Deutschland und dann das Fahrrad in Frankreich buchen zu wollen, das geht nicht. Daher bin ich vorsichtig und entscheide, die komplette Rückfahrkarte erst in Italien zu kaufen, und zwar in Bozen, da man dort noch Deutsch spricht. Soweit der Plan. Heute will ich in Brixen schon mal vorfühlen, ob das auch wirklich so klappen könnte. Am Schalter erklärt mir eine leicht genervte Frau nach einem kurzen Blick ins italienische Buchungssystem, dass sie das Fahrrad nicht buchen könne. Da es sich um einen deutschen Zug handelt, könnten dies nur die Deutschen. Was jetzt? Die Deutschen verweisen auf die Italiener, und die Italiener auf die Deutschen. Europa scheint ja wieder einmal ganz hervorragend zu funktionieren! Was wäre die Alternative? Eine normale Fahrt von Bologna zum Brenner dauert fünf Stunden und kostet 20,65 Euro plus 3,50 Euro für das Rad. Das könne sie mir ohne Probleme buchen. Nun gut, zumindest herrscht darüber jetzt Klarheit. In Bozen will ich aber noch einmal nachfragen und mir erst dort das Ticket kaufen. Insgeheim hege ich die Hoffnung, dass sich doch noch eine Lösung für den Nachtzug finden ließe.

Zwischen Brixen und Bozen begleitet der Radweg die Eisack. Sonne und Regenschauer lösen sich ab, es herrscht richtiges Aprilwetter. Von den Höhen grüßen alte Burgen und der Gebirgsbach bahnt sich durch Felsen einen Weg nach Süden. Kurz vor Bozen schieben sich dunkle Wolken über die Gipfel und erste Donner rollen. Zeit, das Tempo zu verschärfen, um rechtzeitig ein Zimmer zu ergattern, bevor der Regen wieder zuschlägt. Das Nass bleibt aber zum Glück aus, ich erreiche die Landeshauptstadt Südtirols und finde recht schnell die neue Jugendherberge, unweit des Bahnhofs. Ein Platz in einem Vierbettzimmer im vierten Stock mit Blick auf die Berge ist dort kein Problem. Ein junger Amerikaner auf Europatour hat sich bereits ein Bett ausgesucht, mir bleibt die freie Auswahl unter den restlichen drei. Wir sprechen Englisch und lernen uns kennen. Danach duschen, umziehen, Stadtbummel mit Besuch des Bahnhofs.

Neuer Versuch, neue Hoffnung, neues Glück. Am Infoschalter klappt die Konversation auf Deutsch. Die Reservierung des Fahrrads sollte kein Problem sein, am Fahrkartenschalter gebe es das Ticket. Ich hake sicherheitshalber nach. Die Mitarbeiterin an der Auskunft scheint aber überzeugt zu sein. Also gut, wenn sie das meint, dann werden wir das mal versuchen. So ganz glaube ich noch immer nicht an mein Glück. Zwei Schalter von vieren sind geöffnet. Ein paar Reisende stehen dort an, ich reihe mich hinter ihnen ein und warte, bis auch mein Wunsch Gehör findet. „Eine Fahrkarte für den Nachtzug von Bologna nach München für Freitagabend den 10. Juni um 23.30 Uhr für einen Erwachsenen, einen Liegeplatz und ein Fahrrad, bitte." Mal sehen, was jetzt passiert! Der Mann tippt die Daten in sein Buchungssystem. Die Reservierungen für mich und den Liegeplatz sind schnell erledigt. Jetzt noch das Fahrrad. Das aber dauert und dauert und dauert und dann geht nichts!! Verdammt! Wäre auch zu schön gewesen. Der Mann probiert und probiert, versucht mal dies und mal jenes, aber nichts geht. „Das ist ein deutscher Zug", sagt er, „und daher können nur die Deutschen das Fahrrad im System reservieren". Die konnten das aber auch nicht und der Dumme ist wieder einmal der Kunde. Plötzlich explodiert direkt neben mir ein junger Mann und schreit den Bahnbediensteten vor mir auf Italienisch an. Der faucht nun seinerseits gereizt zurück. Ich verstehe nur Bahnhof, blicke mich um und zucke zusammen. Eine lange Schlange Menschen hat sich hinter mir aufgereiht, die sicher dringend Fahrkarten kaufen wollen, dies aber nicht können, da mein Sonderwunsch den ganzen Verkehr aufhält. Mir ist das peinlich. Sofort wird Plan B aktiviert. „Wenn das mit dem Nachtzug nicht geht, dann geben Sie mir bitte ein Ticket von Bologna zum Brenner". Ich erhalte die Fahrkarte mit Fahrradreservierung und mache den Weg frei für die „eintausend" Wartenden hinter mir. Ihre Augen verfolgen mich bis zur Tür. Wenn Blicke töten könnten, ich würde jetzt tot umfallen!

*05. Juni 2011, Kloster Neustift bei Brixen, Südtirol*

*05. Juni 2011, Dom zu Brixen, Südtirol*

Ich streife durch die Altstadt und halte in der Stille des Kreuzgangs im Franziskanerkloster inne. Dann wage ich mich erneut ins pulsierende Leben dieser Stadt. Hier klingt gerade das „Genussfestival Südtirol" aus, viele Verkaufsstände und noch mehr Menschen zeugen davon. Ich kaufe mir etwas zu essen, setze mich auf eine Bank, stille meinen Hunger, kehre dann müde in die Jugendherberge zurück und gehe heute Abend als Erster ins Bett. Nach mir kommt der Amerikaner nach Hause und viel später noch zwei Italiener. Leises Schnarchen begleitet uns durch die Nacht, das aber nicht anschwillt und zu ertragen ist. Sicher wird auch mein Beitrag zu dieser kleinen Nachtmusik nicht lange auf sich warten lassen!

**Gedanken des Tages:**
Europäische Buchungssysteme kommunizieren leider nicht immer miteinander
Die Rückreise muss umgeplant werden - Flexibilität ist gefragt

**Tagesleistung: 53 Kilometer**
Jugendherberge Bozen, 22,50 Euro, Ü mit F

## Montag, 06. Juni 2011
Bozen - Rovereto

Nicht weit von der Jugendherberge entfernt beginnt der Etschtalradweg. Schon bald liegt die große hektische Stadt hinter mir. Ruhig gleitet mein Rad am Fluss entlang, Bergwälder ziehen sich die Hänge empor, Apfelhaine stehen im Tal, Gipfel verbergen sich im Frühnebel. Dann setzt Nieselregen ein. Der ist so lange zu ertragen, bis er auf die Idee kommt, stärker zu werden. Das schützende Blätterdach eines Baumes bietet Gelegenheit abzusitzen und abzuwarten. Zwei Radfahrer stoppen einige Meter vor mir und beginnen sich wetterfest zu machen. Regenumhänge werden hervorgekramt und übergestülpt, die Schuhe mit Plastiktüten umwickelt, alles wird abgedichtet, umgeschichtet, und das dauert. Wenn die so weiter machen, ist der Regen vorbei, und sie immer noch nicht fertig! Unter meinem Baum bleibt es trocken und sicher hört der Regen schon bald wieder auf, denn der Himmel wird heller. Endlich sind die beiden fertig und fahren weiter. Der Regen lässt tatsächlich nach und auch mein Weg kann fortgesetzt werden, ohne Tüten an den Schuhen.

Immer im Tal am Fluss entlang, das ist angenehm. Ein Kiosk bietet Wasserflaschen an und der Besitzer informiert mich über die Wetteraussichten der nächsten Tage. Das klappt immer noch auf Deutsch. Kurz nach Salurn ist dann die Grenze zwischen Südtirol und dem Trentino erreicht und somit auch das Ende des deutschen Sprachraums. Jetzt wird die Verständigung schwieriger. Aber mit einer romanischen Sprache im Gepäck (für mich Französisch) kommt man sicher auch in Italien zurecht.

In Trient (Trento), der Hauptstadt des Trentino, verlasse ich den Radweg in Richtung Altstadt und streife dort durch Gassen, über Plätze, vorbei an schönen alten Häusern, Kirchen und einem eindrucksvollen Palazzo. Trient wurde von Kelten gegründet und später von den Römern erobert (Tridentum). Laut einer Wirtschaftszeitung war Trient 2007 die Stadt mit der höchsten Lebensqualität in Italien.

Heute will ich aber noch bis Rovereto weiterfahren und das aktuell trockene Wetter nutzen, um auch wirklich bis dorthin zu gelangen. Am Fluss treffe ich wieder auf den Radweg und folge ihm in Richtung Süden. Vor mir taucht das Castel Beseno bei Calliano auf, einem kleinen Ort, in dem ich 2001 schon einmal übernachtet habe. Dunkle Wolken hängen im Tal vor Rovereto. Vielleicht wäre es daher klügen, ich stiege auch heute in Calliano ab und würde nicht mehr weiterfahren. Aber wie so oft siegt der Ehrgeiz über die Vernunft. Etwa drei bis vier Kilometer vor Rovereto, das Ziel breits zum Greifen nahe, verdunkelt sich der Himmel vor mir bedrohlich. Donner rollen und Regen setzt ein.

Eine Baustelle versperrt mir die Weiterfahrt auf dem Radweg, eine Umleitung führt auf eine Schotterpiste. Rechts verläuft eine Landstraße. Ich will umdrehen, unterschätze die Enge der Piste, vor allem aber das Gewicht meiner Satteltaschen, und kippe um. Zeit zum Reagieren bleibt nicht viel, schnell ist der Asphalt geküsst! Zum Glück federn Packtaschen und Rucksack den Sturz ab und das Ganze sieht schlimmer aus, als es tatsächlich ist. Die Gäste einer nahen Wirtschaft blicken erschrocken in meine Richtung. Als sie mich jedoch aufstehen und wieder aufsitzen sehen, widmen sie sich erneut ihren intensiven Gesprächen.

Ich lasse mein Rad durch Nomi rollen, gebe Gas, glaube die wenigen Kilometer bis Rovereto noch schaffen zu können, komme aber nur bis Pomarolo. Dort setzt heftiger Regen ein, die Donner klingen jetzt noch bedrohlicher und Blitze zucken am Himmel. Weiterfahren wird zum Risiko, obwohl das Ziel nur höchstens zwei Kilometer von hier entfernt sein kann. Neben der Kirche findet sich eine überdachte Bushaltestelle, die bietet mir erst einmal Schutz. Von der Anhöhe schweift mein Blick übers Tal, das jetzt dunkelgrau und nass vor mir liegt. Die Donner rollen immer häufiger und ich ärgere mich. Hätte ich in Calliano die richtige Entscheidung getroffen, säße ich jetzt in einem trockenen Zimmer, könnte heiß duschen und müsste nicht hier in der Kälte herumstehen. So aber ist die Kleidung durchnässt, weiterfahren nicht möglich, und wie lange das noch so weitergehen wird, steht in den Sternen. Verdammt, verdammt, verdammt! Aber alles Fluchen hilft nichts. Entscheidung getroffen, sie war falsch, die Folgen sind nun zu ertragen. Wieder etwas gelernt! In ein Unwetter fährt man eben nicht hinein, auch wenn man glaubt, das Ziel vielleicht doch noch erreichen zu können.

Nach einer Weile lässt der Regen nach, die Donner verhallen, ich habe keine Lust mehr hier zu frieren und fahre weiter. Bei Villa Lagarina führt die Straße über eine Brücke direkt vor einem Albergo. Vor dem Eingang stehen Menschen und so biege ich ab, halte an und frage an der Rezeption nach einem Zimmer. „C'è una stanza libera"? (Ist ein Zimmer frei?). Mein erster italienischer

Satz! Die freundliche Frau am Empfang fragt: „Per una notte et una persona?". „Si" lautet meine Antwort „et una bicicletta", denn auch das Rad benötigt einen sicheren Platz für die Nacht. Die Verständigung klappt, etwas Französich hilft, und schon überreicht sie mir den Zimmerschlüssel und das Rad kommt in den Keller. Ob ich heute Abend etwas essen möchte? Na klar will ich das! Ab wieviel Uhr gibt es etwas? Ab 19 Uhr. Das passt.

Schon bald wärmt draußen wieder die Sonne, als ob nichts gewesen wäre. Frisch geduscht will ich die nähere Umgebung erkunden. Wie weit das Stadtzentrum von hier entfernt ist, wird sich sicher herausfinden lassen. Der Himmel präsentiert sich wie ausgewechselt. Kaum zu glauben, dass hier noch vor einer dreiviertel Stunde dunkle Gewitterwolken dominierten. In der lauen Abendsonne ziehe ich los und laufe durch ein Wohngebiet mit schönen Häusern und Gärten. Weiter oben stoße ich auf die Hauptstraße von Trento nach Rovereto. Der Stadtkern liegt doch weiter entfernt als angenommen. Hunger macht sich bemerkbar, Zeit umzukehren.

In der Gaststube des Albergo sind nicht mehr viele Tische frei. Außendienstmitarbeiter und Monteure haben es sich bereits bequem gemacht. Auch sie sind hier abgestiegen. Das Gasthaus liegt gleich neben der Brenner-Autobahn, hat einen großen Parkplatz und bietet sich daher ideal für diesen Personenkreis an. Ich nehme an einem kleinen Tisch in der Mitte des Raumes Platz. Von hier aus lässt sich alles gut überblicken. Mir ist nach Nudeln zumute und so wähle ich Spaghetti Carbonara „et un bicchiere de vino rosso" (und ein Glas Rotwein).

*06. Juni 2011, Sprachgrenze zwischen Südtirol und dem Trentino*

*06. Juni 2011, Trento (Trient)*

Das schmeckt vorzüglich. Die meisten meiner Tisch-
nachbarn essen das Tagesmenue.

**Gedanken des Tages:**
Das Wetter spielt verrückt - April im Juni
Die Sicherheit des eigenen Sprachraums liegt jetzt hin-
ter mir
Zuviel Ehrgeiz wird manchmal gebremst

**Tagesleistung: 87 Kilometer**
Albergo „AL PONTE",
Villalagarina /Rovereto, 45 Euro, Ü mit F

**Dienstag, 07. Juni 2011**
Rovereto – Peschiera del Garda

Ein Gastwirt der alten Schule liest mir heute Morgen beim Frühstück fast jeden Wunsch von den Lippen ab. Käse, Schinken, Brötchen, Kuchen, Hörnchen, Tee – alles, was ein guter Start in den Tag so braucht, kommt auf den Tisch. Man spricht sogar etwas Deutsch.

Um 7 Uhr strahlte noch die Sonne am weiß-blauen Himmel. Jetzt hat der sich aber leider wieder eingetrübt, doch die Wolken halten dicht. Ich fahre ins Zentrum von Rovereto, der Città della Pace (Stadt des Friedens). Bekannt ist Rovereto auch für die Friedensglocke „Maria Dolens" (Leidende Maria) auf dem Hügel von Miravalle. Sie wurde am 30. Oktober 1924 aus Kanonen der am Ersten Weltkrieg beteiligten Staaten in Trient gegossen, läutet täglich um 21.30 Uhr zur Mahnung gegen alle Kriege, und ist mit 22.600 kg die viertgrößte noch tönende freischwingende Glocke der Welt. An einer Tankstelle lade ich Wasser nach und rolle dann weiter gen Süden. Zuerst auf der Landstraße, dann auf dem Radweg. Der verläuft aber nicht mehr nur im Tal, sondern durch höher gelegene Weinberge. Bei schönem Wetter mag das ja herrlich sein, denn der Blick übers Tal auf die Berge ist wunderbar. Aber heute ist kein schönes Wetter und Nieselregen setzt auch wieder ein. Da möchte ein Radler doch lieber schneller vorankommen. Bei der nächsten Gelegenheit biege ich daher erneut auf die Landstraße ab. Die führt ohne Anstiege nach Süden, dem Gardasee entgegen.

Über Ala und Dolce erreiche ich die südlichen Ausläufer der Berge. Dann sind die Alpen vom Kochelsee im Norden bis kurz vor Verona im Süden durchfahren. Bei Sant Ambrogio biege ich nach rechts in Richtung Lazise am Gardasee ab. Über ein paar Kilometer ist ein moderater Anstieg zu bewältigen, dann liegt er vor mir, der Lago di Garda. Heute hat der aber leider sehr viel Ähnlichkeit mit den nassgrauen Seen des Nordens. An der Uferpromenade von Lazise wird der Himmel dann auch noch undicht. Mir bleibt wirklich nichts erspart! Dennoch halte ich erst einmal inne und blicke hinaus auf die Wasserfläche. Trotz des schlechten Wetters hat dieser große See etwas Beruhigendes. Leise schwappen die Wellen ans Ufer, Wolken umgarnen die Berge, Menschen flanieren unter Schirmen. Viele deutsche Urlauber sind unterwegs, die vertraue Muttersprache ist überall zu hören. Da der Tag noch jung ist, will ich heute noch weiter bis Peschiera am südöstlichen Zipfel des Sees fahren, um morgen von dort aus in die Poebene durchstarten zu können. Die Kilometer bis dorthin wollen aber gefahren werden.

Der Regen nimmt zu und die Fahrt entwickelt sich zu einer Wasserschlacht. Vielleicht wäre es doch besser gewesen ...? Ach was! Weiterfahren ist die richtige Entscheidung. Ich erreiche Peschiera, bin schon ziemlich durchweicht, treffe nicht weit vom Seeufer auf mehrere Hotels und sehe mir diese von außen an. Viel Zeit sollte das aber nicht in Anspruch nehmen, denn das Klima wird immer ungemütlicher. Ein Hotel gefällt mir. Ich steige ab, frage in Englisch nach einem Zimmer und werde freundlich begrüßt. Das Rad darf in eine Abstellkammer und mir wird ein ruhiges, sauberes Zimmer angeboten.

Das ist nicht gerade billig, aber wir sind hier in Ufernähe des Gardasees, und das kostet eben etwas mehr. Kaum auf der Stube, dringt ein leises Rauschen an mein Ohr. Vor dem Fenster prasseln jetzt Sturzbäche vom Himmel. Was für ein tolles Gefühl, im Trockenen zu sitzen und gleich eine heiße Dusche genießen zu können, während draußen die Welt zerfließt. Als ich frisch geduscht, mit trockener Kleidung auf dem Bett liege und lese, regnet es draußen immer noch und zwar unvermindert stark. Wieder einmal Glück gehabt und zum richtigen Zeitpunkt das perfekte Zimmer gefunden!

Gegen 18 Uhr lässt der Regen nach und ich mache mich auf, die Stadt zu entdecken. In weiser Vorahnung nehme ich einen Hotelschirm mit, und der soll heute Abend noch gebraucht werden. Die Altstadt mit ihren Festungsanlagen ist schnell erreicht. Peschiera bildete früher zusammen mit Mantua, Legnago und Verona das oberitalienische Festungsviereck, das von den Österreichern zur Verteidigung ihrer Stellung in Oberitalien erbaut wurde. Ich schlendere durch die engen Gassen, bewundere die Auslagen der Schaufenster und kaufe mir in einer Bäckerei ein saftiges Stück Pizza und ein süßes Teilchen. Plötzlich muss jemand über den Wolken den Stöpsel gezogen haben. Wasser drischt nur so herab und steht auf den Straßen, da es die Kanalisation nicht mehr schafft, diese Mengen verschwinden zu lassen. Ich stehe unter einem Ladenvordach, halte meinen Schirm zusätzlich noch schützend über mich und harre der Dinge, die da noch kommen werden. Endlich lässt das Unwetter nach und ich kann doch noch etwas am Ufer entlang spazieren. Doch schon ziehen von Westen die nächsten dunklen Wolken heran, Zeit, den Rückweg anzutreten.

*07. Juni 2011, Lazise am Gardasee*

*07. Juni 2011, Gardasee, Uferpromenade von Lazise*

Mir reicht's für heute, nass will ich nicht noch einmal werden.

**Gedanken des Tages:**
Wann merkt der Sommer endlich, dass ich hier im Süden auf ihn warte?

**Tagesleistung: 69 Kilometer**
Hotel Valentina, Peschiera del Garda, 60 Euro, Ü ohne F

## Mittwoch, 08. Juni 2011
Peschiera del Garda – San Giacomo

Laut Wetterprognose von gestern Abend muss heute mit so ziemlich allem gerechnet werden. Aber der Blick am Morgen um 6.30 Uhr aus dem Fenster zeigt etwas Unerwartetes. Weiß-blau präsentiert sich der Himmel und die Straßen sind trocken. Da erst ab 8 Uhr Frühstück serviert wird, sollte ich dieses lieber ausfallen lassen und mich schleunigst auf den Weg machen. Schnell sind meine wenigen Habseligkeiten zusammengepackt und das Rad um 7.30 Uhr startklar. An der Rezeption erkläre ich, das Frühstück zwar bezahlen, aber wetterbedingt nicht einnehmen zu wollen. Die freundliche Frau berechnet es nicht. Das hätte sie nicht tun müssen, ist aber sehr anständig.

Frühnebel liegen über dem Mincio. Ich folge dem Lauf dieses Flusses, verlasse Peschiera in Richtung Valeggio, fahre auf der Straße, denn der Verkehr hält sich in Grenzen, und komme gut voran. Die Sonne schickt sich bereits an, die Nebelbänke zu durchbrechen, und es scheint wider Erwarten doch noch ein schöner Tag zu werden. Nach Roverbella führt die Straße kerzengerade nach Mantua (Mantova). Der Verkehr wird heftiger und der Platz für Fahrräder neben der Fahrbahn äußerst dürftig. Mir bleibt praktisch nur die weiße Markierung am Straßenrand. Um mich herum erstreckt sich jetzt flaches Land, die Poebene ist erreicht.

Mantua lädt zum Verweilen ein. Besonderheiten der Stadt sind der romanische Dom, die Renaissancekirche Sant' Andrea und der Palazzo Ducale. Mantua ist heute einer der größten Umschlagsplätze für Agrarprodukte in der Poebene. Das Wetter ist herrlich, blauer Himmel und Sonnenschein weichen nicht von meiner Seite. In der Basilika Sant'Andrea beeindruckt mich deren Größe. Da ich mir für heute noch viel vorgenommen habe (in Guastalla soll es eine Jugendherberge geben) und dem Wetter nicht wirklich traue, sollte der herrliche Sonnenschein genutzt und zügig weitergefahren werden, bevor am Nachmittag wieder Wolkenbrüche einsetzen könnten.

Bei Borgoforte erreiche ich den Fiume Po, überquere diesen großen Strom und biege auf eine Nebenstraße in Richtung Suzzara ab. Kurz nach Mittag ziehen von Süden tatsächlich wieder dunkle Wolken auf und in der Ferne rollen Donner. Geht das schon wieder los? Regentropfen beginnen zu fallen und ich bin immer noch draußen auf dem flachen Land. Schnell biege ich daher ab und suche Schutz unter den Dächern Suzzaras. Eine überdachte Bushaltestelle bietet mir Unterschlupf, dann ist leider wieder Warten angesagt. Kein Lichtblick am Horizont. Der Regen könnte wie gestern über viele Stunden fallen und diese Zeit will ich definitiv nicht hier in Nässe und Kälte zubringen. So nahe am Zielort und gestrandet! Nicht mit mir! Weiter geht's, die Feuchtigkeit ist mir jetzt egal.

In Guastalla dann kein Hinweis auf eine Jugendherberge. Auf meine Frage nach der Straße wird mir die grobe Richtung erklärt. Auf dem Weg dorthin überholt mich ein alter Mann auf einem Fahrrad, kennt die Jugendherberge und bietet mir seine Hilfe an. Ich folge ihm. Etwa drei Kilometer außerhalb des Ortes, in einem kleinen

Wäldchen am Fluss, steht ein altes Haus. Alle Fensterläden sind geschlossen, nichts rührt sich. Das stört meinen Begleiter aber in keinster Weise. Er zieht ein Handy
aus der Tasche, weist auf den Aushang an der Tür hin
und erklärt mir auf Französisch, dass man anrufen
müsse. Jemand würde dann kommen und aufschließen.
„Moment!", lautet mein vorsichtiger Einwand. Vielleicht
will ich hier ja gar nicht übernachten. Das Haus liegt mir
zu weit abseits. Wir haben frühen Nachmittag, da wird
sich sicher noch etwas anderes finden lassen. Geschickt
gelingt es mir, den hilfsbereiten Mann davon zu über-
zeugen, dass dies doch nicht der richtige Ort für mich
sei. Er versteht´s, fährt weiter, und ich nach Guastalla
zurück. Übernachtungsmöglichkeiten machen sich hier
aber rar. Das einzige Hotel ist geschlossen, im Ort selbst
findet sich auch nichts. Bleibt nur die Option, in Richtung Novellara weiterzufahren. Irgendetwas wird sich
schon finden lassen, hoffe ich, sollte mehr vertrauen, bin
mir aber nicht sicher.

Ein paar Kilometer weiter, in San Giacomo, dann ein
Hinweisschild: „Bed & Breakfast". In einem ruhigen
Wohnviertel kommt mein Rad vor einem großen Haus
zum Stehen. Das Anwesen wird von zwei großen Schä-
ferhunden bewacht, das ist nicht so toll. Auf mein Klin-
geln erscheint eine nette Frau, lässt mich eintreten, hält
die Hunde zurück und bietet mir ein Zimmer an. Die
Konversation klappt in einem Mix aus Englisch und
Französisch. Für das Abendessen müsse ich mir im ört-
lichen Laden etwas kaufen, sie könne es dann hier im
Haus erwärmen, lässt mich meine Gastgeberin wissen.
Etwas kochen könne sie leider nicht. Also gehe ich zum
Einkaufen. In dem kleinen Dorfladen liegt nicht mehr

08. Juni 2011, Mantua (Mantova), Basilika Sant'Andrea

08. Juni 2011, der Po südlich von Mantua

viel in den Regalen. Ich entscheide mich für eine Packung Tortellini, bemerke aber schnell, dass mir die Verkäuferin hinter der Theke etwas mitteilen möchte. Sie hält mir eine Schale selbstgemachte Pasta entgegen (das jedenfalls ist ihren Fremdworten und der Gestik zu entnehmen). Die seien doch viel besser als das abgepackte Zeug. Recht hat sie! Ich schubse die Industrieware ins Regal zurück und entscheide mich für die frische Ware. Die Signora strahlt und mein Magen bekommt heute Abend sicher etwas Gesundes.

Wieder im Haus findet sich im Esszimmer ein gemütliches Plätzchen und die Hausherrin stellt das Gericht in die Mikrowelle. Dann betrachten wir im Atlas meinen bisherigen Reiseweg und sie zeigt mir einige ihrer Urlaubsorte. Weitere Familienmitglieder erscheinen und es ist, als ob ich alten Bekannten von meiner Reise erzähle. Das ist das Besondere an solchen Übernachtungsmöglichkeiten mit Familienanschluss. Nach dem Essen und der netten Unterhaltung ziehe ich mich auf mein Zimmer zurück. Draußen fällt wieder leichter Nieselregen und der Wetterbericht ist alles andere als erfreulich. Mal sehen, was der morgige Tag so bringen wird. Auf jeden Fall will ich um 7.30 Uhr frühstücken, um zeitig aufbrechen zu können.

**Gedanken des Tages:**
So schnell hätte ich den Regen heute nicht erwartet
Irgendwo wartet immer ein sicheres Zimmer auf mich

**Tagesleistung: 88 Kilometer**
Bed & Breakfast L'Aurora, San Giacomo,
35 Euro, Ü mit F

## Donnerstag, 09. Juni 2011
San Giacomo - Modena

Leises Rauschen dringt an mein Ohr. In böser Vorahnung blicke ich aus dem Fenster und sehe strömenden Regen. Der Himmel ist grau und nirgends am Horizont zeigt sich ein blauer Lichtblick. Das ist alles andere als erfreulich. Zum Frühstück bekomme ich selbstgemachte Kuchen und werde einfach nur verwöhnt.

Kurz nach 8 Uhr sind im Süden einige blaue Streifen am Horizont auszumachen. Tatsächlich lässt der Regen nach und die Tagesetappe kann beginnen. Frühnebel liegen über der Ebene, mein Rad gleitet langsam in den Morgen, Modena entgegen. Leider wird der Verkehr auf der Straße in Richtung Novellara schon bald ziemlich heftig. Der Straßenbelag wurde mehrmals überteert und ich muss höllisch aufpassen, nicht mit dem Vorderrad von der Fahrbahn abzurutschen und zu stürzen. Volle Konzentration ist gefragt, die kleinste Unachtsamkeit könnte sich verheerend auswirken. Und das muss jetzt, so kurz vor dem Ziel, nun wirklich nicht sein.

Carpi lohnt einen Abstecher. In der Altstadt finden sich zahlreiche Bauten aus der Renaissancezeit, wie der Palazzo dei Pio (Castello). Dann liegen die letzten Kilometer bis Modena vor mir. Hinter Soliera mündet die Landstraße in eine Hauptstraße und kurz vor Modena leitet mich der Hinweis „Centro" (Stadtmitte) geradewegs auf die Stadtautobahn. Die hat jedoch einen breiten Seitenstreifen, der mehr Sicherheit bietet als die Landstraße. Ob hier Fahrradfahren erlaubt ist? Ein Polizeiauto überholt mich ohne anzuhalten. Also ist

Radfahren sicher nicht verboten. Ich nehme aber die nächste Abfahrt und erreiche unbeschadet das Stadtzentrum.

Der Himmel strahlt, die Sonne wärmt, der Sommer ist zurückgekehrt. In Modena soll es eine Jugendherberge geben. Der Stadtplan aus der Touristen-Information hilft mir bei der Orientierung. In der Herberge sind noch Einzelzimmer für 23 Euro zu haben, das Rad müsste aber im Eingangsbereich neben den Spieltischen übernachten. Das gefällt mir überhaupt nicht! Was, wenn einige Gäste am Abend übermütig an meinem Rad herumfummeln und eventuell die Luft aus den Reifen lassen? Nein, das geht nicht! Da lässt sich bestimmt eine bessere Lösung finden.

Ich sehe mir einige der Hotels von außen an. Vor dem Eingang des ersten steht gerade eine Angestellte und raucht. Das ist die Gelegenheit, nach den Zimmerpreisen zu fragen. 49 Euro mit Frühstück, das Rad könne in die Tiefgarage. Klingt gut. Im nächsten ist der Preis gleich, der Mitarbeiter an der Rezeption aber ziemlich gleichgültig. Im dritten Hotel herrschen die gleichen Konditionen, die Rezeptionistin ist aber sehr freundlich (und äußerst hübsch!). Wenn schon der gleiche Preis, dann lieber hier. Ich nehme das Zimmer und darf das Rad in einen separaten Raum der Tiefgarage stellen, dort ist es sicher. Niemand kann hier etwas verbiegen, verstellen oder zerstören.

Der Nachmittag steht mir jetzt zur freien Verfügung, Zeit ist reichlich vorhanden. Kurz nach 15 Uhr verlasse ich das Hotel für einen Stadtbummel. Modena ist heute eine moderne Industriestadt mit einem historischen Stadtkern. Die Piazza Grande mit ihrem romanischen Dom San Geminiano und dem 88 m hohen Campanile sind seit 1997 Weltkulturerbe. Einige Kilometer südlich von Modena, in Maranello, ist die Scuderia Ferrari zu Hause. Hier werden seit 1943 die berühmten roten Rennwagen mit dem springenden Pferd gefertigt. Aus dem Umland von Modena stammt auch der Lambrusco di Sorbara, der in die ganze Welt exportiert wird. Weitere Exportartikel sind der Aceto Balsamico di Modena (Balsamico Essig) sowie der Parmigiano Reggiano (Parmesankäse). Das Wetter ist super, Rad und Gepäck sicher untergebracht, nichts stört meine innere Ruhe. Ich streife durch die Gassen und halte in der Stille des Duomo einen Moment inne. Im Dom-Museum gleich nebenan wird mein Pilgerausweis abgestempelt und ich besuche die Ausstellung. Nach ein paar Stunden macht sich Hunger bemerkbar. Ich kaufe ein, schlendere zum Botanischen Garten und lasse mich dort in der Abendsonne nieder. Der intensive Geruch frisch gegossener Pflanzen und Erde umspielt meine Nase, ein paar ältere Frauen haben sich neben mir um eine Bank versammelt und unterhalten sich lebhaft, Kinder spielen und auch ihre Eltern genießen diesen wunderbaren Ort. Ich fühle mich rundum wohl und packe mein Abendessen aus. In dieser Umgebung schmeckt alles doppelt so gut. Ein einfaches Mahl wird fürstlich, wenn der Rahmen passt. Und der passt hier und heute Abend perfekt. Später ziehen Wolken auf und es wird Zeit, zum Hotel zurückzukehren.

*09. Juni 2011, Modena*

*09. Juni 2011, Modena, Botanischer Garten*

**Gedanken des Tages:**
Der zwanglose Nachmittag in dieser wunderbaren Stadt
war Kraftstoff für die Seele
Auch mein Rad muss einen sicheren Platz für die Nacht
haben
Glück ist ein Sommerabend im Botanischen Garten

**Tagesleistung: 53 Kilometer**
Hotel Europa, Modena, 49 Euro, Ü mit F

## Freitag, 10. Juni 2011
Modena - Bologna

Das Frühstücksbuffet heute Morgen ist perfekt. Frisch gestärkt wird die letzte Tagesetappe für dieses Jahr eingeläutet. Was für ein herrlicher Morgen! Die Sonne wärmt und ich will heute jeden Kilometer genießen, der mich nach Bologna, meinem ersten Etappenziel, bringen wird. Die Anspannung der letzten Tage lässt nach, das Ziel ist zum Greifen nahe. Auch die zunehmende Verkehrsdichte auf der Via Emilia stört mich nicht. Die Via Emilia (lateinisch Via Aemilia) ist eine nach den Aemiliern benannte Römerstraße am Rande der Apenninen. Sie ist die Fortsetzung der Via Flaminia und wurde im Auftrag des römischen Konsuls Marcus Aemilius Lepidus im Jahre 187 v. Chr. angelegt. Bei Castelfranco zweigt eine Nebenstraße in den Ort ab, in dem heute Markttag ist. Verkaufsstände stehen dort, wo sonst die Autos rollen, und es herrscht ein buntes Treiben. Mein Weg führt mich jetzt noch ein paar Kilometer nach Osten. Bei Anzola verlasse ich die Via Emilia und biege nach rechts ab. Um nicht wieder auf einer Stadtautobahn zu landen, wähle ich rechtzeitig vor Bologna eine Nebenstraße, die laut Karte direkt ins Zentrum führen soll. Über Zola und Casalecchio gelingt mir das auch. Bologna ist bekannt für seine Arkaden. Diese erstrecken sich über 38 km und wurden ursprünglich geschaffen, um der wachsenden Bevölkerung der Stadt gerecht zu werden. Die Arkaden ermöglichten den Ausbau der oberen Stockwerke, wodurch sich neuer Wohnraum schaffen ließ, ohne den Durchgang zu beeinträchtigen. Bologna ist auch die Heimat der Tortellini, kleiner ringförmiger Teigwaren mit einer Füllung aus Hackfleisch.

Am ersten Stadttor von Bologna wird mir die Richtung zur Stadtmitte beschrieben, alles klappt jetzt wie am Schnürchen. Im Tourist-Office an der Piazza Maggiore besorge ich mir einen Stadtplan, studiere ihn und fahre in Richtung Bahnhof. Dort soll es einige Hotels geben, in denen sicher auch für mich ein Zimmer frei sein dürfte. Auch das klappt. Mir wird ein ruhiges Zimmer zu einem vernünftigen Preis unweit des Bahnhofs angeboten. Perfekt!

Ich tausche die Radlerklamotten gegen meine letzte relativ saubere Freizeitkleidung und will mich anschließend mit den Örtlichkeiten im Bahnhof vertraut machen. Das erspart böse Überraschungen am nächsten Morgen. Die Orientierung ist aber etwas kompliziert, zumal in einer fremden Sprache. Die Bahnsteige sind in Centrale Ovest und Est eingeteilt. Der Zug zum Brennero fährt laut Fahrplan morgen früh um 10.10 Uhr von Gleis 3 Ovest ab. Ein Bahnsteig mit der Nummer 3 ist schnell gefunden, entpuppt sich aber leider als Est. Nach einigem Suchen und Fragen lässt sich die richtige Plattform finden. Entspannt will ich nun den letzten Abend der Tour 2011 ausklingen lassen. Doch ein kleines Sternchen stört diesen Wunsch. Ich werfe einen letzten Blick auf die Abfahrtszeiten. Die Fahrkarte ist bereits seit Bozen in meinem Besitz, Reisezeit und Bahnsteig sind bekannt - aber was ist das?! Ein kleines Sternchen neben der Zeitangabe lässt mich stutzen. Hierzu erscheint am unteren Rand ein kurzer Text, leider nur in Italienisch. Eine Befürchtung steigt in mir auf! Verkehrt dieser Zug vielleicht nur an Werktagen? Morgen ist aber Samstag. Ich bitte den nächsten greifbaren Passanten, mir den entscheidenden Satz ins

Englische zu übersetzen, was dieser leider nicht kann. Andere Ideen sind gefragt, und so reihe ich mich in die Schlange der Wartenden vor einem Infostand ein, nur um von dort an die Zentrale Auskunft weitergereicht zu werden. Erneutes Anstellen und Warten, die Nervosität steigt. Endlich hat jemand Zeit für mich und bestätigt, dass der besagte Zug morgen zum Brenner fahren werde. „Wirklich am Sabato", hake ich sicherheitshalber noch einmal nach. „Si", lautet die Antwort. Erleichtert ziehe ich von dannen, nur um draußen vor der Tür zweifelnd nachzudenken, ob es vielleicht nicht doch sicherer gewesen wäre, sich die Zeiten ausdrucken zu lassen. Aber wieder hineingehen und mich als penetranten Touristen zu outen, das muss dann doch nicht sein. Also denke ich positiv, verlasse den Bahnhof und marschiere in Richtung Altstadt. Der Schatten des Zweifels lässt sich jedoch heute Abend nicht ganz abschütteln, ein mulmiges Gefühl, dass vielleicht doch noch etwas schief gehen könnte, bleibt.

Trotzdem versuche ich an diesem letzten Abend so entspannt wie möglich zu bleiben, laufe durch enge Gassen mit Obst- und Fischständen, bewundere die für Bologna so typischen Arkaden und bleibe in einem kleinen Bistro hängen. Hunger macht sich bemerkbar und die Auslage verspricht leckere Quiche mit Spinat und Sandwiches mit Parmaschinken und Käse. Ob er das Gewünschte erwärmen solle, fragt der freundliche Verkäufer. Gute Idee, das wäre natürlich optimal. Ich nehme Platz, das Bestellte kommt in den Ofen, draußen prasselt jetzt heftiger Regen aufs Steinpflaster, ich aber sitze im Trockenen und lasse es mir schmecken.

*10. Juni 2011, Bologna, Ziel der ersten Etappe*

*10. Juni 2011, Bologna, in der Altstadt*

Auf dem Rückweg zum Hotel entdecke ich einen kleinen Laden, dessen Auslage verschiedene Flaschen Olivenöle präsentieren. Der Verkaufsraum ist urig und die Regale bis an die Decke gefüllt. Ich wähle eine besondere Flasche Olivenöl als Andenken an diesen letzten Abend. Das Wetter ist leider alles andere als angenehm und Bologna eine hektische Großstadt. Will heißen, genug herumgelaufen, zurück ins Hotel.

**Gedanken des Tages:**
Ziel punktgenau erreicht - tolles Gefühl!
Ich bin müde und etwas nervös - es reicht!

**Tagesleistung: 51 Kilometer**
Millennhotel, Bologna, 59 Euro, Ü mit F

## Samstag, 11. Juni 2011
Rückreise per Zug: Bologna - Mittenwald

In wenigen Minuten ist der Bahnhof von meinem Hotel aus erreicht. Ich bin zeitig dort, um mein Rad in aller Ruhe verstauen zu können. Der Zug steht um 9.30 Uhr bereits am Bahnsteig, alles scheint zu passen. Das Radabteil befindet sich meistens am oberen oder am unteren Ende des Zuges. Ich laufe den gesamten Zug ab, finde aber keinen Hinweis. Habe ich etwas übersehen? Zurück zum Anfang. Aber nirgends ist an diesem Zug ein Zeichen für die Existenz eines Radabteils zu finden. Unruhe steigt auf. Also wieder zurück ans andere Ende. Ich sehe mir jeden Waggon genau an und entdecke Stellplätze für Gepäck neben einigen Türen. Da würde mein Rad genau hineinpassen. Ein Schaffner vom Nebenzug hat mein Suchen bemerkt und gibt mir den Tipp: „Fahrräder nach ganz vorne". Ich aber ignoriere diesen Hinweis und platziere mein Rad in einer dieser Gepäckbuchten. Es passt dort perfekt hinein und stört weder den Durchgang, noch behindert es den Einstieg. Nachdem mein Drahtesel nun verstaut ist, setze ich mich nebenan ins Abteil, und versuche mich zu entspannen. Knapp 30 Minuten vor der Abfahrt erscheint eine Schaffnerin, steigt in den Waggon, wirft einen kritischen Blick auf mein Rad und betritt das Abteil. Was passiert jetzt? Ich halte ihr sofort meine Radfahrkarte vor die Nase, um ihr die Argumente zu nehmen. „Fahrräder nach vorne", sagt sie freundlich, aber mit Nachdruck. Also schiebe ich mein Rad (wenn auch widerwillig) erneut nach draußen und laufe den ganzen Weg zurück. Tatsächlich befindet sich ein sehr kleines Abteil für Fahrräder am vorderen Ende des Zuges. Einige Radfahrer (zum Glück nur zwei) sind dort gerade dabei, ihre Räder ebenfalls einzuladen. Rechtzeitig vor Abfahrt des Zuges wird dann auch mein Rad an den dafür vorgesehenen Haken gehängt, das Gepäck verstaut und in Sichtnähe Platz genommen. Dann fahren wir ab und die erste Hürde ist genommen.

Der Zug rollt eineinhalb Stunden durch die Poebene nach Verona. Bei Ostiglia überqueren wir den Po und der große Strom zeigt sich mir noch einmal. Hinter Verona tauchen die ersten Berge der Alpen am Horizont auf. Wir fahren jetzt ziemlich genau die Strecke zum Brenner zurück, die ich erst vor wenigen Tagen mit dem Rad bezwungen habe. Bekannte Straßen, Radwege und Orte gleiten an mir vorbei. Der Zug hält mehrere Male und weitere Radfahrer steigen zu. Auch sie verstauen ihre Räder in der kleinen Kammer und man kann nur staunen, wie viel da hineinzupassen scheint.

Laut Plan möchte ich mit dem Zug zum Brenner hinauf und bei schönem Wetter per Rad nach Innsbruck hinunter fahren. Von dort aus dann wieder per Bahn bis Seefeld in Tirol und mit dem Rad bis Mittenwald. So ließe sich Geld sparen und etwas körperliche Betätigung würde mir heute auch nicht schaden. In Mittenwald will ich übernachten, um morgen mit einem Bayernticket weiterfahren zu können. Das Wetter macht mir aber einen gewaltigen Strich durch die Rechnung. Der Brenner präsentiert sich kalt, grau und nass. Nieselregen überzieht das Land. Fast alle Radfahrer wollen bis Innsbruck im Zug bleiben. Nur ein paar ganz Mutige schwingen sich auf ihre Räder und verschwinden in der nassgrauen Brühe. Auch ich bleibe lieber im Zug und schließe mich einer Gruppe an, die sich ein Österreichticket teilen wollen. 35 Euro für 5 Personen, das macht 7 Euro pro Kopf, Fahrrad mit inbegriffen. Ich komme mit einem italienischen Radfahrer ins Gespräch. Er war mit seinem Sohn in Verona zugestiegen, heißt Marco und kommt aus Bergamo. Beide wollen sich morgen Innsbruck ansehen und dann mit ihren Rädern über den Brenner zurück nach Verona fahren. Wir unterhalten uns in Englisch. In Innsbruck trennen sich unsere Wege dann auch schon wieder, aber es war trotzdem schön, ihn getroffen zu haben.

Meine Fünfergruppe steigt in Innsbruck um. Zwei der Radler kommen aus München, die beiden anderen aus Norddeutschland. Wir verstehen uns gut und tauschen Erfahrungen aus. In Mittenwald ist meine Reise für heute zu Ende, die anderen fahren weiter bis München. Ein kurzes Winken, dann stehe ich alleine auf dem Bahnsteig. Es ist kalt, grau und nass. So war das eigentlich nicht geplant. Wenige Menschen sind bei diesem Wetter unterwegs, einer von ihnen erklärt mir die Richtung zur Ortsmitte. Dort findet sich nach einigem Suchen ein Hotelzimmer, in dem ich heute Nacht sicher gut schlafen kann, um morgen ausgeruht nach Hause fahren zu können. Mittenwald ist ein bedeutendes Zentrum des Streich- und Zupfinstrumentenbaus mit einer über 300-jährigen Tradition. Heute gibt es in Mittenwald rund 10 selbständige Geigenbaumeister und eine staatliche Fachschule für Geigenbau. Am Abend kaufe ich mir noch schnell ein Bayernticket, damit morgen früh kein Stress aufkommt. Danach macht sich Hunger bemerkbar und ich kehre bei einem Italiener ein, esse eine Pizza und trinke dazu ein Glas Rosé. Im Gegensatz zu gestern Abend in Bologna bin ich jetzt wesentlich entspannter.

Nun kann eigentlich nicht mehr viel schief gehen. Hier ist wieder mein Sprachraum und das beruhigt.

**Gedanken des Tages:**
Wie schnell ist man doch wieder in einer anderen Welt
Auch auf dieser Reise wurde gut für mich gesorgt

Post-Hotel, Mittenwald, 62 Euro, Ü mit F

**Sonntag, 12. Juni 2011**
Rückreise per Zug: Mittenwald - Schweinfurt

Gut geschlafen, reichlich gefrühstückt, der Zug verlässt Mittenwald pünklich um 9.37 Uhr. Er ist fast leer, entgegenkommende Züge aus München hingegen proppenvoll. Der Anschlusszug verlässt München bereits nach 17 Minuten in Richtung Nürnberg. Alles passt. Auch in Nürnberg klappt der Anschluss und so bin ich gegen 16 Uhr wieder zuhause in Schweinfurt.


Erstes Etappenziel Bologna nach 965 Kilometern und 14 Tagen erreicht
4 Kilo abgenommen

## Zweite Etappe 2012

Bologna – Rom
500 Kilometer
Freitag, 15. Juni 2012 bis Samstag, 30. Juni 2012
(einschl. An- und Rückreise mit dem Zug)

# Reisevorbereitungen

Bereits im März besorge ich mir die Fahrkarten. Diesmal will ich unbedingt einen Platz im Nachtzug von München nach Bologna und danach von Rom zurück nach München ergattern. Im letzten Jahr war dies wegen der Fahrradreservierung leider sowohl in Deutschland als auch in Italien gescheitert. Anstelle zum Bahnhof gehe ich daher gleich in ein Reisebüro. Dort dauert der ganze Reservierungsprozess fast eine Stunde, dann aber sind Liegewagen- und Radstellplatz für insgesamt 207 Euro reserviert. Stolz halte ich die Fahrkarten in meinen Händen.

Ursprünglich war die Reise für Ende Mai geplant, da sollte es auch in Italien nicht allzu heiß sein. Wegen der Einführung eines neuen Computerprogramms muss ich jedoch beruflich den Start um einen Monat auf Ende Juni verschieben. Das ist ein Fehler, wie sich schon bald herausstellen wird.

## Freitag, 15. Juni 2012

Anreise mit der Bahn von Schweinfurt über München nach Bologna

Vom Schweinfurter Hauptbahnhof geht mein Zug um 9 Uhr über Nürnberg nach München. Dort habe ich gut fünf Stunden Aufenthalt, den es sich zu vertreiben gilt. Mit dem Fahrrad ist der Aktionsradius wesentlich größer als zu Fuß und so radle ich einfach mal los, streife in der Fußgängerzone die Frauenkirche und das Rathaus, und schlage dann die Richtung zum Englischen Garten ein. Dort bin ich noch nie gewesen und wollte schon immer mal den Chinesischen Turm sehen. Über einen Radweg an der Isar entlang erreiche ich den Park. Schön ist es hier, viele Menschen liegen im Gras, laufen oder radeln umher. Ich passiere den Chinesischen Turm, umrunde die südliche Hälfte des Parks, stelle irgendwann das Rad ab und lege mich unter einen schattigen Baum ins Gras. Vorbild für den Englischen Garten, eine der größten Parkanlagen der Welt, waren die englischen Landschaftsgärten. Die Anlage war eine der ersten großen kontinentaleuropäischen Parks, die von allen betreten werden durften.

Um mich herum vertreiben sich friedliche Menschen die Zeit, fremde Sprachen dringen an mein Ohr und in der Ferne recken sich die Türme der Frauenkirche in den weiß-blauen Himmel. Eine gute Stunde liege ich so im Gras und denke vor mich hin. Dann wird es Zeit aufzubrechen. An der Staatskanzlei vorbei gelange ich zum Schlossgarten und durch die Fußgängerzone zurück zum Hauptbahnhof. Zwei Fischbrötchen schlüpfen noch schnell von einer Imbisstheke in meine Tasche, die werde ich später mit Genuss verdrücken. Der Nachtzug München-Rom fährt gegen halb sieben Uhr ein. Das Rad kommt an seinen reservierten Platz und mein Gepäck ins Liegewagenabteil. Probleme gibt es keine. Beim Einsteigen treffe ich zufällig einen früheren Arbeitskollegen, der ebenfalls mit diesem Zug nach Italien fahren wird, aber nicht zum Radfahren, sondern zum Segeln. Ich werde den Zug bereits in Bologna verlassen, er wird noch etwas weiterfahren. Wir verabreden uns für später im Zug.

Pünktlich fahren wir ab und die Abendsonne taucht die Landschaft in ein ganz besonderes Licht. Ich stehe am offenen Fenster und bewundere die Berge in der Ferne. Wissen die Menschen hier eigentlich, wie schön sie es haben? Ich hätte sehr gerne ein Haus in dieser Gegend, mit Blick auf die Berge. Ich würde das auf jeden Fall zu schätzen wissen. Wir sind zu viert im Liegeabteil. Noch sitzen wir, zum Hinlegen ist es zu früh. Das Ehepaar aus Stuttgart fährt bis Orvieto, der Italiener nach Florenz. Wir unterhalten uns und ich erzähle von meinem Vorhaben. Dabei wird es langsam dunkel. Salzburg liegt bereits hinter uns und der Zug rollt nun durch in ein immer enger werdendes Tal. Ich blicke durch das offene Fenster hinauf zu den Bergspitzen, die sich in den letzten Sonnenstrahlen leicht rosa färben. Mächtige Gipfel erheben sich nun auf beiden Seiten der Bahnlinie, hohe Gebirge, still und großartig.

Dann ist es Zeit sich hinzulegen, um morgen früh wenigstens etwas erholt durchstarten zu können. Die Stuttgarter machen es sich auf den beiden oberen Liegeplätzen bequem, ich besuche noch einmal mein

Rad, das drei Waggons vor mir übernachten wird. Dann kann auch ich mich beruhigt hinlegen.

## Samstag, 16. Juni 2012
Bologna – Faenza

Um halb fünf Uhr am Morgen stehe ich auf, die anderen im Abteil schlafen noch. Leise, um niemanden zu wecken, hebe ich das Gepäck in den Gang und laufe zu meinem Rad. Der Zug steht im Bahnhof von Mestre bei Venedig. Zu diesem Zeitpunkt weiß ich noch nicht, dass wir bereits über eine halbe Stunde Verspätung haben. Bologna wird also nicht wie vorgesehen kurz nach 5 Uhr erreicht. Der Zug fährt an, ich stehe am offenen Fenster und blicke nach draußen. Im Osten graut der Morgen. Die Sonne funkelt als roter Himmelskörper durch zarte Frühnebel, die jetzt über der Poebene liegen. Ein grandioser Anblick! Heute wird bestimmt ein schöner Tag.

Nach Padua tauchen Berge auf. Mit der Annahme, dies seien bereits die Apenninen bei Bologna, liege ich völlig daneben. Es sind die Colli Euganei, westlich von Padua. Unser Zug rauscht an ihnen vorbei, um sich dann wieder im flachen Land der Poebene zu verlieren. Und weiter geht die Fahrt nach Süden. Wir überqueren den Po und erreichen mit fast einer Stunde Verspätung kurz vor 6 Uhr Bologna Centrale. Es ist bereits hell und das ist auch gut so. Ich hatte befürchtet, kurz nach 5 Uhr wäre es noch zu dunkel. Schnell ist das Rad bepackt und dann stehe ich wieder auf dem Bahnhofsvorplatz von

Bologna, auf dem 2011 meine erste Etappe zu Ende ging. Nur heute Morgen ist viel weniger los als letztes Jahr zu späterer Stunde.

Die ersten Strahlen der Sonne tauchen die Gebäude der Altstadt in ein ganz besonderes Licht. Ich fahre los. In diesem Augenblick hat sie wieder begonnen, meine Pilgerreise nach Rom. Die Straßen sind noch leer, ruhig gleitet mein Rad nach Osten, der Via Emilia entgegen. Einen Stadtplan brauche ich nicht, weiß ich doch, dass ich mich nach Osten ausrichten muss. Bald wird auch die Richtung nach Imola angezeigt. Diesem Hinweis folge ich und komme allmählich aus der großen Stadt hinaus aufs Land. Dann liegt Bologna hinter mir und die flache Landschaft der Poebene weitet sich in der morgendlichen Frische. Es ist jetzt halb sieben Uhr und das Radeln auf der Via Emilia macht Spaß. Die Sonne steigt höher, ist aber noch nicht unangenehm. Zu beiden Seiten der Straße liegen teils abgeerntete Getreidefelder, stehen Weinreben oder wird Gemüse angebaut. Ich komme gut voran. Der Verkehr ist noch moderat und am rechten Rand ausreichend Platz für mein Rad. Ab und zu halte ich an, trinke und orientiere mich auf der Karte. Ziel für heute ist Faenza. Die Richtung stimmt, alles passt. Ein Italiener auf einem tollen Rennrad hält an und fragt in Englisch, woher ich komme. „Aus Bayern", antworte ich ihm, und er spricht sofort Deutsch mit mir. Wir reden kurz über meine Romreise, dann fährt er weiter.

Ich erreiche Imola und biege in die Altstadt ab. Der römische Name der Stadt „Forum Cornelii" geht auf ihren Gründer Lucius Cornelius Sulla zurück. Wie viele andere antike Städte wurde auch Forum Cornelii an einer Straßenkreuzung errichtet. Heute ist Imola auch als Austragungsort vieler Rennsportveranstaltungen bekannt, wie „Der Große Preis von San Marino", der hier bis 2006 im Autodromo Enzo e Dino Ferrari ausgetragen wurde. Auf dem großen Platz im Zentrum ist Markttag und an vielen bunten Ständen werden Waren angeboten. Im Tourist Office erhält mein Pilgerausweis den ersten Stempel für dieses Jahr. Nach einem Rundgang durch die Altstadt fahre ich weiter und höre schon bald die Motoren von Rennwagen auf der nahen Rennstrecke. Diesen Rennkurs sollte ich mir ansehen, die Zeit sollte ich mir nehmen. Ich folge einem Hinweisschild und bin schon bald da. Sportwagen jagen über die Strecke, sehen kann ich sie aber noch nicht, ihre Motoren dröhnen jedoch gewaltig an mein Ohr. An der Haupttribüne stelle ich das Rad ab und steige eine Treppe hinauf. Nichts ist verschlossen und so kann ich von dort oben einen Teil der Rennstrecke einsehen. In kurzen Abständen rasen die Wagen an mir vorbei. Ich erkenne mehrere Porsches, einen Lamborghini und einen Racing Mini. Einen Ferrari kann ich leider nicht ausmachen. Es ist wirklich ein besonderes Gefühl, diese Rennmaschinen mit ihren lauten und starken Motoren so nahe vorbeirauschen zu sehen. Ich stelle mir die tolle Stimmung bei einem Formel-1 Rennen vor. Dann reiße ich mich los und fahre weiter, nicht ganz so schnell wie die Porsches, aber trotzdem nicht schlecht für einen Radler mit Gepäck. Um mittlerweile nach 9 Uhr beginnt es mehr als nur warm zu sein. Die Sonne brennt jetzt schon richtig grell vom Himmel. Ich erklimme einen kleinen Hang. Von dort oben geht mein Blick zurück zur Haupttribüne und die Altstadt von Imola.

Nun wende ich mich wieder gen Osten, dort liegt Faenza. Kurz nach 10 Uhr treffe ich am Ziel der heutigen Etappe ein, es ist jetzt unbarmherzig heiß. Faenza wurde von den Römern gegründet und war schon in der Renaissance wegen seiner kunstvollen Tonwaren bekannt. Schon der von den Römern verwendete Name Faventia ist zum Synonym für Keramik in verschiedenen Sprachen geworden, darunter französisch faïence und englisch faience.

In der Altstadt ist ebenfalls Markttag und der zentrale Platz voller Verkaufsstände. Ich steige ab und schiebe mein Rad durch das bunte Treiben. Im Tourist Office erhalte ich eine Liste mit Unterkünften und einen Stadtplan. Nun kann ich mich orientieren, suche mir eine Unterkunft heraus, lokalisiere diese auf dem Stadtplan und fahre hin. Das Haus liegt in einem schönen, ruhigen Wohnviertel, etwas außerhalb der Altstadt. Auf mein Läuten hin öffnet eine Frau die Gartentüre und ich benutze wieder meinen italienischen Standardsatz „C'è una stanza libera per una notte, una persona et una bicicletta?" Sie sieht mich freundlich an, nickt und zeigt mir ein Zimmer im Parterre. Auch das Rad kann hier sicher untergestellt werden. Das Zimmer liegt idyllisch hinter dem Wohnhaus in einem Nebengebäude und verspricht Ruhe. Die Pflanzen an den Balkonen und Fenstern versprühen südliches Flair.

Ich dusche, ziehe mich um, ruhe kurz aus und laufe dann in die Altstadt. Es ist bereit 14 Uhr und richtig heiß. Da läuft man am besten im Schatten der Bäume und Häuser, wo immer das geht. Die Marktstände sind verschwunden, leer und heiß liegt der zentrale Platz jetzt vor mir.

Ich kaufe mir ein belegtes Brötchen, etwas Obst und irgendwann lacht mich dann auch noch ein wunderbares Eis an. Glück ist manchmal auch essbar! Von einer Brücke blicke ich hinunter auf den Fluss gleich hinter der Altstadt. Und was sehen meine Augen da unten im Wasser? Da schwimmt doch tatsächlich eine Schildkröte durch die trüben Fluten. Leben hier wirklich Schildkröten, oder ist die hier ausgebüchst? Aber sie ist nicht alleine, ein Jungtier folgt ihr. Somit muss zumindest noch eine dritte Schildkröte hier wild leben. Ich beobachte die beiden Tiere, wie sie langsam durchs Wasser paddeln. Ändert das Muttertier die Richtung, folgt ihr das Jungtier sofort. Am Ufer lässt sich nun auch noch eine dicke Wasserratte blicken. Was hier wohl noch so alles lebt? Nach einer geruhsamen Weile lasse ich die hiesige Tierwelt wieder alleine, kehre zu meinem Zimmer zurück und setze mich in den kleinen Garten, in der Hoffnung, dass sich andere Gäste zu mir setzen würden und ich etwas Ansprache hätte. Doch niemand erscheint, ich bin hier und heute wohl der einzige Gast. Schade, etwas Unterhaltung hätte mir jetzt gut getan. Ich schreibe meine Tagesnotizen, studiere die Karte und plane meine Route für morgen. Ursprünglich sollte die Reise am zweiten Tag von Faenza nach Cesena führen. Dort plante ich zu übernachten, um dann am dritten Tag in Richtung Berge aufzubrechen. Aber am Anfang einer Reise will man oft zu schnell, zu viel. So ist das leider auch heute bei mir. Ich sehe auf die Karte und entscheide spontan, bereits morgen von Forli aus in Richtung Berge zu fahren. Somit würde ich Bagno di Romagna einen ganzen Tag früher erreichen, als ursprünglich geplant. Diese Idee gefällt mir, leider, wie sich bald herausstellen wird. Der Anstieg auf über 700 Meter vor Bagno berei-

*16. Juni 2012, Bologna, Start der zweiten Etappe*

*16. Juni 2012, Imola, Rennstrecke Autodromo Enzo e Dino Ferrari*

tet mir aktuell kein Kopfzerbrechen. Am Nachmittag lassen sich die Berge sicher gut im Schatten der Bäume erlaufen. Ich mache mir bei meiner Routenplanung für morgen also überhaupt keine Sorgen und denke vor allem nicht an die große Hitze, die auch dort bereits nach 10 Uhr herrschen wird. Ich werde eben Pausen einlegen, langsam fahren oder laufen. Immerhin habe ich den ganzen Tag Zeit und will diese auch nutzen. Ob das wohl gut geht?

Heute Abend gehe ich früh ins Bett, denn mein Schlaf während der letzten Nacht im Liegewagen war nicht besonders tief und erholsam.

**Gedanken des Tages:**
An das Alleinsein muss ich mich langsam erst wieder gewöhnen
Glück ist manchmal auch essbar
Die Hitze des Südens sollte man nicht unterschätzen

**Tagesleistung: 57 Kilometer**
Gästehaus Locanda Paradiso, Faenza,
40 Euro, Ü ohne F (Übernachtung ohne Frühstück)

**Sonntag, den 17. Juni 2012**
Faenza – Forli

Gegen 8 Uhr breche ich auf, schließe das Gartentor hinter mir und werfe den Zimmerschlüssel in den Briefkasten. Nichts rührt sich im Haus, niemand scheint jetzt schon wach zu sein. Die Sonne strahlt bereits und die Straßen sind noch relativ leer. Ich fahre durch die Altstadt, überquere die Brücke, von der aus ich gestern die Schildkröten sah, und halte mich nach Osten, Richtung Forli. Die Via Emilia zieht sich weiter flach und fast kerzengerade durchs Land und der Verkehr ist nicht allzu dicht. Zu meiner Rechten tauchen jetzt im Süden die Ausläufer der Apenninen auf, abgemähte Getreidefelder und Weinstöcke begleiten mich. Manchmal macht diese alte Römerstraße sogar eine leichte Kurve und steigt etwas an, kaum zu glauben!

Forli ist erreicht. Eigentlich wollte ich mir jetzt gemütlich die Altstadt ansehen und dann wie geplant weiter nach Cesena fahren. Aber das war vorgestern. Gestern hatte ich mir ja in den Kopf gesetzt, heute bis Bagno di Romana durchzustarten. Daher biege ich gleich am Ortsrand nach rechts ab und radle gen Süden, Richtung Flugplatz. Die Hitze hat mittlerweilen zugenommen. Es ist zwar erst kurz nach 9 Uhr morgens, aber schon extrem heiß. Ich beginne zu schwitzen und trinke viel Wasser, davon ist genug an Bord. Gegessen habe ich immer noch nichts, nehme mir aber vor, heute Mittag richtig gut zu essen. In Frankreich hätte ich mir jetzt etwas in einer Bäckerei gekauft, dort beherrsche ich vor allem die Landessprache. Aber hier in Italien kenne ich weder die Sprache noch die verschiedenen Leckereien, die in

Bäckereien angeboten werden. Also wird die Nahrungs-aufnahme auf Mittag verschoben, und das ist leider keine gute Idee.

Schon bald bin ich wieder auf dem Land und strample den Bergen entgegen, die nun im Süden immer näher rücken. Der Asphalt ist tadellos, der Seitenstreifen bietet Radlern Sicherheit, aber die Hitze nimmt zu. 10 Uhr, ich mache eine Pause in einem kleinen Dorf, setze mich auf die Bank einer Bushaltestelle, trinke Wasser und sehe mir die Landkarte an. Ich komme gut voran und bin schon 23 Kilometer von Forli aus in Richtung Berge gefahren. An diesem Sonntagmorgen sind viele Renn-radfahrer unterwegs. Ganze Gruppen kommen mir mit ihren Rennmaschinen in bunten Trikots entgegen. Ich fahre weiter, erreiche einen längeren Anstieg, will noch nicht absteigen, bleibe im Sattel und trete kräftig in die Pedale. Der Schweiß läuft mir übers Gesicht. Ich sollte die Radlerjacke ausziehen, um einen Hitzestau zu ver-meiden, doch behalte sie leider an.

Der Anstieg ist geschafft. Ich verspüre plötzlich einen großen Durst, steige ab, schiebe das Rad unter den Schatten eines Baumes, nehme die Wasserflasche aus der Rahmenhalterung und trinke. Plötzlich verspüre ich ein seltsames Gefühl. Die Autos fahren langsamer, die Geräusche werden leiser, alles erscheint irgendwie un-wirklicher. Der Kreislauf! Achtung! Aufpassen! sind meine letzten Gedanken. Dann blicken mehrere Köpfe von oben besorgt auf mich herunter. Ich liege im Gras neben der Straße. Jemand fragt auf Englisch, ob alles in Ordnung sei. Wo bin ich eigentlich? Neben der Straße. Wie bin ich da hingekommen? Umgefallen, der Kreislauf. Ich komme langsam wieder auf die Beine. Besorgte Augen sehen mich an. Ein Mann spricht etwas Englisch, die anderen nur Italienisch. Ich antworte auf Englisch. Mir geht es gut, bin zwar noch etwas wackelig auf den Beinen, muss mich sicher nur etwas ausruhen. Das aber werde ich hier im Straßengraben nicht ungestört tun können. Etwas weiter vorne steht eine Bushaltestelle mit einer Bank. Dorthin sollte ich laufen, um mich auszuruhen. Das erkläre ich nun meinen Helfern.

Ich steige also aus dem Straßengraben, nehme das Rad vom Ständer und beginne in Richtung dieser Bushaltestelle zu laufen. Weit komme ich aber nicht. Im nächsten Augenblick liege ich wieder im Gras, diesmal zusammen mit dem Rad. Meine Helfer sind jetzt noch viel besorgter und lassen mich nicht mehr aufstehen. Ob ich Medikamente nähme, wollen sie wissen. Natürlich nehme ich welche, regelmäßig sogar, seit meinem Herzinfarkt. Nachdem meine Helfer das Wort „Herzinfarkt" gehört haben ist Schluss mit lustig. Der englisch sprechende Italiener informiert mich, dass er per Handy einen Krankenwagen angefordert habe, rein aus Vorsicht. Es dauert auch nicht lange, dann kommt das Fahrzeug. Das kann ja heiter werden, denke ich noch, blicke in den Himmel und sehe dort oben einen Helikopter. Nicht auch das noch! schießt es mir durch den Kopf, da landet dieser auch schon in der Wiese neben uns und der Notarzt erscheint. Was für ein Aufwand! Ich möchte am liebsten im Boden verschwinden, muss mich aber auf die Trage des Krankenwagens legen, werde in das Fahrzeug geschoben und bekomme erst einmal eine Infusion. Der Notarzt spricht nur etwas Englisch, der Pilot dafür umso besser. Also sprechen wir beide. Nach einer gründlichen

Untersuchung teilt man mir mit, dass ich ins Kranken-haus von Forli gefahren werde. Mein Gepäck wird in den Krankenwagen geladen und auch das Fahrrad findet dort Platz. Ich solle mir keine Sorgen machen, versichert man mir, dies ist ein Notfall und der kostet in Italien nichts. Ich habe auch eine Auslandskrankenversicherung, also mache ich mir keine Sorgen.

Man fährt mich die hart erkämpften 23 Kilometer nach Forli zurück. Die Sanitäterin neben mir ist nett, spricht aber nur ganz wenig Englisch. So richtig unter-halten können wir uns deshalb nicht. Im Kranken-haus „Ospedale Morgagni-Pierantoni" in Forlì beginnen dann erst einmal die üblichen Formalitäten in der Notaufnahme. Das geht zum Glück in Englisch. Einer der Krankenpfleger würde Spanisch bevorzugen, ich kann ihm aber nur Französich als romanische Sprache anbieten. Das klappt aber nicht, also bleiben wir bei Englisch.

Ich werde auf ein Krankenhausbett gehoben und erst ein-mal in einen Wartesaal geschoben. Da liege ich nun, mit fünf anderen Verletzten und warte auf das, was jetzt noch alles kommen wird. Es ist halb 12 Uhr mittags und ei-gentlich wollte ich jetzt am Rande der Berge sein. Statt-dessen liege ich hier in Forli, im Krankenhaus, nicht weit von Faenza entfernt, von wo aus ich heute Morgen so ehrgeizig gestartet bin. Nach 20 Minuten kommt ein Krankenpfleger und erklärt mir, dass ich relativ schnell an die Reihe kommen würde. Aber noch muss ich war-ten. Hier im Krankenhaus sieht es nicht anders aus als in Krankenhäusern in Deutschland, England oder Frank-reich, in denen ich schon einmal gewesen bin. Alles ist sauber und neu. Wäre die Sprache nicht, ich könnte nicht sagen, in welchem Land ich gerade bin.

Endlich wird mein Bett in ein Behandlungszimmer geschoben. Ein Arzt untersucht mich und stellt Fragen. Das ist aber gar nicht so einfach, denn der Arzt spricht nur wenig Englisch, erklärt mir aber, dass er etwas Deutsch gelernt habe. Viel verstehe ich davon aber nicht, also kommunizieren wir wieder in Englisch über eine Krankenschwester, die diese Sprache sehr gut beherrscht. Ich erkläre ihr, dass ich die Hitze unterschätzt habe, leider auch ohne Frühstück losgefahren bin und viel zu warm angezogen war. Sie übersetzt alles ins Italienische und die Antworten des Arztes für mich zurück ins Englische. So kommen wir ganz gut zurecht. Mein Blutdruck sei sehr niedrig gewesen, erklärt der Arzt. „Ich weiß" antworte ich, „das ist er immer". Dann untersucht er mich. Mir tut trotz des Sturzes überhaupt nichts weh. Das kann er gar nicht verstehen. Er notiert meine Medikamente, erkundigt sich nach dem Herzinfarkt vor fünf Jahren und erklärt mir dann, dass ich vorsichtshalber eine Nacht im Krankenhaus bleiben sollte. Das finde ich nun aber gar nicht erstrebenswert und sage das auch. Mir fehlt wirklich nichts und es geht mir wieder gut. Das mit der Hitze war ein Fehler, den werde ich nicht wieder machen. Er schlägt einen Kompromis vor: „Wir machen jetzt zwei Blutuntersuchungen und ein EKG. Sind die Werte zufriedenstellend, können Sie gehen". Das klingt doch schon viel besser. Auf jeden Fall möchte ich hier so schnell wie möglich wieder weg. Die Krankenschwestern sind sehr nett und sprechen etwas Englisch. Mit einigen kann ich mich gut unterhalten.

Ich bekomme etwas zu essen und werde danach wieder in das Wartezimmer geschoben. Die Patienten machen alle keinen glücklichen Eindruck, Kranken ist eben überall nicht zum Lachen zumute. Dann aber betreten plötzlich drei junge Menschen als Clowns verkleidet das Zimmer, verteilen Luftballons, machen Späße und muntern die Kranken auf. Ich finde das richtig gut. Die trübe Stimmung ist wie weggeblasen, einige Patienten lachen sogar. Auch ich bekomme einen Luftballon und ein paar aufmundernde Worte.

Ich denke an mein Gepäck. Hoffentlich ging nichts verloren! Wenn auch nur eine Schraube oder Mutter am Rad fehlen würde, könnte ich es nicht mehr zusammenbauen. Das Vorderrad musste ausgebaut werden, sonst hätte das Fahrrad nicht in den Krankenwagen gepasst. Meine Digitalkamera steckt in der Jackentasche. Ist diese verloren, wären auch alle Bilder der ersten Tage weg. Mein gesamtes Gepäck, erklärt man mir, befände sich unter meinem Bett und das Rad stehe in einem Nebenraum.

Warten und nachdenken. Eine Frau spricht mich an, stellt sich als Kanadierin vor und hat mich Englisch sprechen hören. Wir unterhalten uns. Eine Krankenschwester kommt und teilt mir mit, dass der erste Bluttest gut war, und nimmt mir noch einmal Blut ab. Gegen halb vier Uhr schiebt man mich wieder in das Untersuchungszimmer, diesmal sitzt dort eine Ärztin. Ich erfahre, dass auch der zweite Bluttest zufriedenstellend ausgefallen ist. Wenn ich möchte, könne ich jetzt gehen. Sollte ich jedoch eine Nacht im Krankenhaus bleiben wollen, wäre dies auch möglich. Man lässt mir also die Wahl. Alle sind sehr nett und ich fühle mich hier wirklich gut aufge-

hoben. Aber ich kam nicht nach Italien, um Kranken-
häuser zu testen, sondern um Rom zu erreichen. Bliebe
ich eine Nacht, müsste ich sicher morgen noch einige
Untersuchungen über mich ergehen lassen, käme daher
bestenfalls morgen Nachmittag hier raus und hätte somit
einen weiteren Tag verloren. Ich fühle mich gut und
entscheide mich daher fürs Gehen. Das wird akzeptiert,
es gibt keine Einwände.

Eine der Krankenschwestern schiebt mein Rad ans Bett,
das ich nun endlich verlassen darf. Mein Gefährt besteht
aus zwei Teilen, dem Vorderrad und dem Rest. Sie
erklärt mir, sie habe keine Ahnung, wie man das Ganze
zusammenbauen müsste. Ich erkläre ihr, dass ich es
wüsste, und so setzen wir das Rad im Krankenhaus von
Forlì wieder zusammen. Die Stimmung ist gut, die
Krankenschwestern scherzen und wir schießen ein Ab-
schiedsfoto - Patient mit Schwestern und Fahrrad. Dann
schiebe ich Rad und Gepäck an all den anderen Kranken
vorbei, die mir neidisch nachsehen. Ich kann gehen,
sie müssen bleiben. Dann bin ich endlich wieder frei,
stehe auf dem Parkplatz vor dem Krankenhaus und
pumpe erst einmal ausreichend Luft in meinen Vorder-
reifen.

Erleichterung! Alles ist da, nicht die kleinste Schraube ist
verloren gegangen. Das Rad hat keine Delle, nichts ist
durch den Sturz in den Straßengraben kaputt gegangen,
nichts ist verbogen, alles funktioniert einwandfrei. Da
habe ich wirklich wieder einmal ganz großes Glück
gehabt. War das nun einfach nur Glück oder hat gerade
irgend jemand ganz toll auf mich aufgepasst? Wer weiß
das schon. Auf Pilgerreisen passieren eben doch manch-

mal Dinge, die man nicht erklären kann, die einfach nur wunderbar sind.

Das Krankenhaus von Forli liegt am Stadtrand, wo genau, weiß ich aber nicht. Werde ich auf die Schnelle ein passendes Hotelzimmer finden? Ich habe keinen Stadtplan und das Tourist Office ist heute am Sonntag geschlossen. Doch ich lasse den Kopf nicht hängen. Vor allem bin ich froh, so schnell wieder aus dem Krankenhaus herausgekommen zu sein. Da war doch so viel Positives, da sollte jetzt sicher noch mehr gut gehen. Ich vertraue, steige auf und fahre einfach mal in irgendeine Richtung. Die Orientierung ist wirklich nicht einfach, denn ich habe keine Ahnung, wo in Forli ich mich gerade befinde.

Vom Krankenhausgelände erreiche ich eine Hauptstraße und orientiere mich am Stand der Sonne. Es ist jetzt 17 Uhr und sie steht im Westen, also fahre ich einfach mal in Richtung Norden. Dort müsste die Poebene liegen und irgendwie auch die Stadt. Diese Annahme ist richtig, die ersten Schilder tauchen auf und weisen mir den Weg ins Zentrum. Erstaunlicherweise bin ich innerlich ruhig und gelassen. Wenn heute so viel gut gegangen ist, dann wird wohl auch jetzt nichts wirklich schief gehen können. Ich erreiche die Altstadt und folge dem Hinweisschild eines Hotels. In einer ruhigen Seitenstraße, nicht weit vom Zentrum, stehe ich schon bald vor einer Herberge. Ich trete ein, der Eingangsbereich ist ansprechend und sauber, der Mann an der Rezeption sehr nett. Auf meine Frage nach einem Zimmer wird mir eines angeboten. Es liegt im zweiten Stock, ist geräumig, sauber und der Preis liegt mit 40 Euro „con Colazione" (mit Frühstück) genau in meinem Budget. Das Rad darf in einer Garage im Hof abgestellt werden, der über Nacht abgeschlossen wird. Perfekt – alles hat wieder einmal schnellstens geklappt. Ich bin sehr zufrieden.

Ich dusche, ziehe mich um und laufe dann zu Fuß in die Stadt. Forlì wurde in römischer Zeit 188 v. Chr. vom Konsul Gaius Livius Salinator als Forum Livii gegründet und lag an der Via Emilia. Um den Marktplatz befinden sich noch einige historische Gebäude. Sehenswert sind die Kirche San Mercuriale mit dem 75 m hohen Campanile aus dem Jahre 1180, der Palazzo del Podestà (1459) und die Zitadelle Rocca di Ravaldino aus dem 15. Jahrhundert. Es ist ein herrlicher Abend. Die Sonne steht jetzt tief am Himmel, ihre Strahlen wärmen anstatt zu brennen und das weiche Licht auf alten Mauern vermittelt Harmonie, südliche Gelassenheit und Wärme. Ich verspüre Hunger und denke an die Worte des Arztes. Ich müsse richtig essen, hat er gesagt. Und genau das werde ich jetzt auch tun! Ein gemütliches Restaurant lädt mich dazu ein. Leider muss ich an einem Tisch im Inneren Platz nehmen, denn der Außenbereich ist voll besetzt. Aber das macht nichts. Hier drinnen ist die Atmosphäre urig und gemütlich. Ich bestelle Spaghetti a la Genovese (mit Pesto), eine Literflasche Mineralwasser und zum Nachtisch Frutta Fresca (frische Früchte). Wunderbar, ich bin richtig zufrieden. Als ich langsam nach Hause schlendere, beginnt es bereits zu dämmern. Die Menschen sitzen in den Kneipen und Restaurants, einige flanieren in den Straßen, andere ruhen gemütlich auf Bänken, alles ist harmonisch und friedlich. Forli ist mit knapp 119.000 Einwohnern schon eine große Stadt, aber Angst habe ich auch jetzt am

Abend keine. Vor allem weiß ich seit heute wieder einmal, dass mich ein ganz besonderer Schutzengel begleiten muss.

In meinem Zimmer steht das Fenster weit offen. Die immer noch warme Luft tut gut und es ist ruhig in der Straße, trotz der Nähe zum Stadtzentrum. Dieses Zimmer war wieder einmal ein Volltreffer! Danke, wer auch immer dafür gesorgt hat, dass heute doch noch einmal alles so gut verlaufen ist. Jetzt beschäftigt mich aber ein Gedanke. Werde ich nach dem Kreislaufproblem überhaupt in der Lage sein, morgen mit vollem Gepäck in Richtung Berge zu fahren? Ein zweites Mal möchte ich nicht wieder umkippen. Es wäre mir äußerst peinlich, wieder von einem Krankenwagen aufgelesen und in das gleiche Krankenhaus gebracht zu werden! Das darf in der Emilia Romana auf keinen Fall mehr passieren. Wenn ich also losfahre, muss ich wieder im Vollbesitz meiner Kräfte sein. Vielleicht wäre es ratsam, früher als 8 Uhr am Morgen loszufahren, da die Hitze sicher nicht nachlassen wird und es ab 10 Uhr viel zu heiß zum Radfahren ist.

Ich denke nach. Vielleicht sollte ich morgen nur bis Cesena fahren und dort übernachten. Somit ließen sich die Anstiege in den Bergen noch einmal vermeiden. Aber irgendwie fühle ich mich doch noch schwach und will morgen erst einmal einen Ruhetag einlegen, den ich eigentlich erst für Assisi eingeplant hatte. Ich sollte morgen entspannt den Tag in Forli genießen, vernünftig essen und etwas mit dem Rad herumfahren, um wieder zu Kräften zu kommen. Dabei könnte ich meine Kondition testen und am Dienstag bereits um 5 Uhr, wenn es

*17. Juni 2012, Via Emilia zwischen Faenza und Forli*

*17. Juni 2012, Forli, Campanile der Kirche San Mercuriale*

hell wird, in Richtung Cesena aufbrechen. Von dort könnte es dann wie ursprünglich geplant in Richtung Bagno di Romagna weitergehen, zum Beispiel bis Mercato. Das erscheint mir nicht zu weit und nicht zu anstrengend, also sehr vernünftig. Nach einigem Hin- und Herdenken sowie Abwägen entscheide ich mich für diese Option. Das ist im Augenblick die vernünftigste Lösung, Rom doch noch zu erreichen. Weniger kann manchmal wirklich mehr sein, der heutige Tag hat mir das wieder einmal deutlich gezeigt.

**Gedanken des Tages:**
Ich wollte heute zu schnell, zu viel, und bekam viel Zeit, darüber nachzudenken
Menschen, die ich vielleicht nie kennenlernen werde, haben mir heute spontan geholfen

**Tagesleistung: 38 Kilometer**
Hotel Albergo Lory, Forli, 40 Euro, Ü mit F

**Montag, 18. Juni 2012**
Ruhetag in Forli

Kurz vor 8 Uhr wartet ein reichhaltiges Frühstücksbuffet auf mich. Frisch gestärkt verlängere ich mein
Zimmer für eine weitere Nacht, schwinge mich danach
aufs Rad und erkunde die Stadt. An einer Tankstelle
nutze ich deren Luftgerät zum prallen Aufpumpen meines Vorderrades. Dabei muss ich leider feststellen, dass
gestern eine Ventilkappe verloren gegangen ist. Das ist
aber kein Problem, denn in einem Fahrradgeschäft gleich
um die Ecke erhalte ich für ein paar Münzen eine neue.
Nun ist das Rad wieder in einem perfekten Zustand. Anschließend will ich mir eine Karte für die öffentlichen
Telefone kaufen und werde in einem Tabakgeschäft am
Marktplatz fündig. Danach fahre ich rund 20 Kilometer
kreuz und quer durch die Stadt und deren Außenbezirke.
Dabei achte ich immer darauf, nicht allzu lange in der
prallen Sonne zu bleiben, sondern suche den Schatten
unter Bäumen. Es klappt, meine Kondition ist zufriedenstellend und ich fühle mich viel besser als gestern.
Gegen Mittag lockt mich ein kleines Fischrestaurant
unter einen Sonnenschirm zu einem ausgiebigen Mahl.
Während der Mittagshitze ziehe ich mich auf mein
Zimmer zurück, wie man das im Süden eben so macht.
Kalt duschen, ein paar Stunden schlafen und gegen
18 Uhr wieder langsam lebendig werden.

Als ich das Hotel am frühen Abend wieder verlasse, ist
es angenehm warm. In einer Kirche findet eine Abend-
andacht statt, an der ich spontan teilnehme. Viele Menschen sind nicht anwesend. Danach schlendere ich kreuz
und quer durch die Gassen, Straßen und über die Plätze,

*18. Juni 2012, Forli, Piazza Aurelio Saffi*

*18. Juni 2012, Bistro in Forli*

und lasse mir in meinem Fischrestaurant (von heute Mittag) eine Paella schmecken. Auf dem Heimweg erstehe ich in einer Bäckerei noch ein paar Teilchen für morgen früh, denn auf ein Frühstück werde ich um 5.30 Uhr sicher verzichten müssen.

**Gedanken des Tages:**
Heute nahm ich mir einfach mal Zeit für „la dolce vita" Südlichen Lebensrhythmus zulassen - tut wirklich gut!

**Ruhetag**
Hotel Albergo Lory, Forli, 40 Euro, Ü mit F

**Dienstag, 19. Juni 2012**
Forli - Sarsina

Ich bin früh wach, stehe kurz nach 5 Uhr auf, packe, wasche mich und bin kurz vor halb sechs startklar. Draußen ist es angenehm frisch. Der Himmel färbt sich im Osten leicht rosa, noch ist die Sonne nicht aufgegangen. An der Rezeption sitzt ein verschlafener Nachtportier. Ich gebe ihm den Zimmerschlüssel, er öffnet das Hoftor, damit ich mein Rad nach draußen bringen kann. Colazione gibt es jetzt noch keines, aber das habe ich ja auch nicht erwartet. Ich werde meine Teilchen vom Bäcker essen. Dann beginnt endlich wieder eine neue Tagesetappe. Heute will ich jedoch ganz vorsichtig sein, mich nicht zu warm anziehen und vor allem keine Steigungen bei großer Hitze fahren. Auf gar keinen Fall möchte ich hier wieder eingesammelt und in das Krankenhaus nach Forli eingeliefert werden. Das wäre mir mega-peinlich.

Die Straßen im Zentrum von Forli, die noch gestern Abend voller Leben waren, sind zu dieser frühen Morgenstunde fast menschenleer. Es ist angenehm kühl und ich finde schnell aus der Stadt. Auf der Via Emilia in Richtung Cesena ist um diese Uhrzeit auch noch nicht viel los. Perfekt! Die Sonne steigt jetzt im Osten aus der Poebene auf. Noch steht der „Feind" klein und rot am östlichen Himmelsrand. Aber in ein paar Stunden muss ich ausreichend viele Kilometer hinter mich gebracht haben, denn ab 10 Uhr wird es gefährlich. Das bekam ich vorgestern zu spüren.

Das Rad gleitet ruhig durch die Ebene. Kurz vor Cesena zweigt mein Weg nach rechts in Richtung Mercato ab, den Bergen entgegen. Noch ist das Land flach und die Straße steigt nicht an. Dann wird das Land hügeliger, aber die Straße verläuft immer noch im Tal. Nach 20 Kilometern geht es mir immer noch gut, es ist weiterhin angenehm kühl und auch der Verkehr nicht allzu stark. Kurz nach 9 Uhr erreiche ich Mercato. Es beginnt warm zu werden. Hier ist nicht viel los und Hotels sehe ich auch keine. Daher entschließe ich mich, noch etwas weiter in Richtung Berge zu fahren. Eine Stunde bleibt mir noch bis 10 Uhr, obwohl es jetzt, kurz nach 9 Uhr, schon wieder sehr warm geworden ist. Die Straße steigt an, lässt sich aber noch mühelos fahren.

Kurz nach 10 Uhr erreiche ich Sarsina. Die Geschichte dieses Ortes beginnt mit einer Siedlung der Umbrer am Savio im vierten Jahrhundert vor Christus. Mit dem Einfluss Roms wurde die Stadt 266 vor Christus eine Bundesgenossin der Stadt am Tiber. Die Sonne brennt nun wieder sehr heiß vom Himmel und ich will nichts mehr riskieren. Bis hier ist alles gut gegangen. Weiterfahren und erneut einen Ausfall riskieren, will ich auf gar keinen Fall! Diese Etappe wird jetzt erst einmal abgesichert, indem ich mir ein Zimmer suchen und erst morgen früh weiterfahren werde. Hier ist Markttag und der Hauptplatz voller Verkaufsstände. Ich frage mich zum Tourist Office durch. Dort wird mein Pilgerausweis abgestempelt und ich erhalte Informationen zu Übernachtungsmöglichkeiten plus einen Stadtplan. Mit diesem ist dann schnell ein Privatzimmer gefunden. Auf mein Klingeln wird mir dort geöffnet und ich bekomme ein schönes Zimmer im zweiten Stock. Meine Gastge-

ber sind sehr nett, zeigen mir die Küche, den Aufenthaltsraum und das Beste – einen großen Balkon mit herrlichem Blick auf die umliegende Bergwelt. Was für ein
Glück, diese wunderbare Unterkunft so schnell gefunden zu haben. War es wieder nur Glück?

Ich dusche, ziehe mich um, lege mich etwas hin und
gehe dann nach draußen, um den Ort zu erkunden. Es ist
aber viel zu heiß und so kehre ich schnell in mein Zimmer zurück und halte weiter Mittagssiesta, wie alle Menschen hier. Gegen 19 Uhr verspüre ich großen Hunger. In
einer Pizzeria am Plautus-Platz bestelle ich mir eine
Pizza Quattro Formaggio, eine Literflasche Mineralwasser und ein Viertel Rotwein. Die Pizza ist so riesig,
dass ich trotz meines großen Hungers nur etwas über die
Hälfte davon essen kann. Der Krug mit Wein enthält sicher auch mehr als nur ein Viertel, hier meint man es
wirklich gut mit mir. Zum Nachtisch gönne ich mir noch
ein leckeres Eis. Viva la dolce vita!

Nach dem Essen bleibe ich noch etwas sitzen und trinke
gemütlich meinen Rotwein. Auf dem zentralen Platz vor
mir sitzen einige alte Männer und Frauen auf einer Steinmauer, lachen, unterhalten sich, begrüßen andere und
sind einfach nur ausgeglichen, freundlich und entspannt.
Kinder spielen in der Mitte des Platzes, ziehen mit ihren
kleinen Fahrrädern Kreise und versuchen sich gegensei-
tig zu treffen. Einem gelingt dies auch und der andere
fliegt vom Rad. Das macht dem aber nichts aus, hier
wird einfach nur viel gelacht. Was für eine tolle Atmosphäre. Keiner ärgert sich über den anderen. Die Jugend
nicht über die Alten und die Alten nicht über die Jugend.
Ich wünschte, ich gehörte dazu und wäre kein Fremder.

*19. Juni 2012, Landstraße zwischen Cesena und Sarsina*

*19. Juni 2012, Blick von Sarsina auf die Berge des Apennin*

Das bin ich aber und so muss ich alleine nach Hause ziehen. Als ich vorhin meine Unterkunft verließ, probierte ich an der Eingangstüre bewusst aus, ob der Schlüssel auch wirklich passt. Da hat alles funktioniert. Jetzt aber, mit etwas zuviel Rotwein im Kopf, will die Türe nicht aufgehen. Zu dumm! Ich muss klingeln und mir wird geöffnet. Natürlich gelange ich nicht gleich auf mein Zimmer, sondern bekomme noch mehr vom Haus gezeigt. Dabei sehe ich eine weitere wunderbare Terrasse im ersten Stock. Hier kann man sicher entspannte Urlaubstage verbringen, diese Adresse werde ich mir auf jeden Fall merken.

Für morgen früh haben mir meine Gastgeber das Frühstück bereits heute Abend auf den Küchentisch gestellt. Ich solle mir auf jeden Fall ein paar belegte Brötchen mitnehmen, schärfen sie mir ein. In der kleinen Küche neben meinem Zimmer stehen Schinken, Käse, Brötchen, Obst und verschiedene Kuchensorten (selbst gemacht, wie mir die Hausherrin stolz erklärt). Im Kühlschrank finden sich Milch und Joghurts. Ich werde hier wirklich verwöhnt.

**Gedanken des Tages:**
Italien ist ein wunderschönes Land
Die Toleranz der Generationen hat mich heute Abend beeindruckt

**Tagesleistung: 50 Kilometer**
Bed & Breakfast Lilly, Sarsina, 35 Euro, Ü mit F

## Mittwoch, 20. Juni 2012
Sarsina – Pieve Santo Stefano

Der Morgen graut vor dem offenen Fenster, Zeit aufzustehen. In der Küche esse ich ein Stück Kuchen, einen
Joghurt und etwas Obst, belege mir zwei Brötchen mit
Schinken und Käse und packe sie als Proviant für die
Reise ein. Auf dem Balkon trifft mich die Frische des
Morgens, im Osten färbt sich der Himmel bereits rosa,
im Westen schlummern die Berge der Apenninen noch
immer in der Dunkelheit. In diese Berge werde ich heute
eindringen und wenn nichts Unvorhergesehenes passiert,
deren Hauptkamm überschreiten und das Tal des Tiber
erreichen. Davor liegt aber noch ein ganzes Stück harter
Arbeit. Ruhig ist es und still, nichts stört die Ruhe dieses frühen Morgens. Dann ist alles gepackt, aufgeladen
und das Rad steht auf der Straße vor der Haustüre. Ich
will gerade aufsteigen, da ruft mir jemand aus dem ersten Stock ein „Guten Morgen" zu. „Buongiorno" grüße
ich zurück. Dann beginnt die heutige Etappe. Es ist
frisch, die Straße nach Bagno di Romagna leer, keiner
stört mich.

Um 6 Uhr spitzt die Sonne zum ersten Mal über die
Bergkuppen. Hier oben ist sie etwas später zu sehen als
unten in der Ebene. Die Straße windet sich nun stetig
bergan und überquert einige Male die Autobahn. Hohe
bewaldete Berge schieben sich auf beiden Seiten immer
näher an mich heran. Die Anstiege sind moderat, die
Temperatur noch angenehm, ich komme gut voran und
bleibe im Sattel. Absteigen und Schieben ist noch nicht
notwendig.

Gegen 8 Uhr erreiche ich Bagno di Romagna, einen Badeort in den Apenninen, im Tal des Savio. Besondere Bekanntheit erreichte Bagno di Romagna durch seine warmen Bäder von 41 bis 45 °C. Viele Menschen sind um diese Zeit noch nicht unterwegs. Ich setze mich auf eine Bank und studiere die Karte. Gleich nach dem Ort biegt eine Passstraße nach rechts in Richtung Florenz ab, die andere führt nach links über meinen Pass (Valico di Montecoronaro) ins Tal des Tibers. Ich breche wieder auf, hoffe einen Laden zu finden, in dem ich frisches Wasser nachkaufen kann, in der Vorahnung, dieses auch sehr bald zu brauchen. Aber kein Lebensmittelgeschäft taucht auf. Ohne ausreichenden Wasservorrat fahre ich auf keinen Fall weiter in die Berge, denn bald wird es wieder sehr heiß. Also umdrehen und wieder in den Ort zurück. Ich frage eine Passantin auf Französisch nach einem Laden. Sie zeigt mir den Weg. Ein kleines Geschäft verkauft Obst und Wasser. Zwei Bananen und zwei Liter Wasser wandern in den Rucksack. Nun kann es losgehen.

Ich verlasse Bagno kurz nach 8 Uhr. Die Sonne steht bereits höher, die Schatten der Bäume bedecken aber immer noch die Straße und so ist es hier unten angenehm kühl. Zuerst steigt die Straße nur leicht an, dann wird sie steiler und das Klima leider auch heißer. Je höher ich komme, umso schöner sind die Ausblicke auf die umliegenden Berge und Täler. Bald bin ich nur noch von Wäldern umgeben. Gäbe es die Autobahn nicht, die auch hier die Berge überquert, wäre um mich herum nur noch ein Meer aus Bäumen. Hinter den Gipfeln zu meiner Rechten liegt der Nationalpark „Foreste Casentinesi". Dort lebt auch der apenninische Wolf. Angst habe ich aber keine, diese Tiere sind so scheu, die bekommt keiner zu sehen, hier auf der Straße schon gar nicht. Der Nationalpark wurde am 12. Juli 1993 gegründet, umfasst rund 368 km² und erstreckt sich über viele Berge des Apennins und zahlreiche Täler. Hier leben neben Rot- und Damwild, Rehen und Wildschweinen auch Füchse, Marder, Uhus, Steinadler und Wölfe, die in diesem Park einen gesunden Bestand haben.

Am Anstieg vor Verghereto überholen mich zwei Radfahrer mit Gepäck. Sie grüßen mich flüchtig in der Landessprache. Die beiden sind sicher auch auf dem Weg nach Rom. Ein Gespräch ergibt sich aber nicht. Etwas später überholen mich zwei weitere Radfahrer. Die Frau fragt mich auf Englisch, ob ich eine Banane möchte. Da ich selbst welche im Rucksack habe, verneine ich dies. Sie fragt weiter, ob ich auch nach Rom unterwegs sei. Ich bestätige das, füge aber noch hinzu „aber nicht heute". Sie lacht und fährt weiter. An ihrem Akzent erkenne ich die Holländerin.

Verghereto auf 812 Meter Höhe ist erreicht. Gäbe es hier eine Übernachtungsmöglichkeit, könnte ich mir gut vorstellen, hier oben zu bleiben. Doch die Entscheidung wird mir abgenommen, denn es gibt keine. Da die Passhöhe bei 865 Meter laut Karte bald kommen muss, dürften jetzt keine großen Anstiege mehr vor mir liegen. Mit dieser Schlussfolgerung liege ich leider falsch. Nach Verghereto fällt die Straße erst einmal ein ganzes Stück ab. Das gefällt mir ganz und gar nicht, bedeutet es doch, dass der Anstieg anstrengender ausfallen wird, als gedacht. Zum Glück führt der Abstieg dann doch nicht allzu weit nach unten, sondern kehrt sich schon bald wie-

der um. Ein paar Kehren, dann liegt die ersehnte Passhöhe Valico di Montecoronaro auf 865 Metern vor mir.
Geschafft! Dieses letzte große Hindernis auf dem Weg
nach Rom ist überwunden. Nun kann ich mein Rad
hinunter ins Tal des Tiber rollen lassen und bis Rom
dürften keine großen Bergketten mehr meinen Weg
versperren.

Jetzt windet sich die Straße bergab, bis die Auto-
bahn wieder erreicht ist. Dem Wegweiser nach Citta di
Castello kann ich leider nicht folgen, denn die Autobahn
sollte ich als Radfahrer besser meiden. Ich sehe auf die
Karte und finde eine Landstraße, die sich hinunter nach
Pieve Santo Stefano schlängelt.

Jenseits der Distriktgrenze zwischen der Emilia Romagna und der Toskana wird die Straße immer wilder.
Anscheinend fahren hier keine Autos mehr. Schmutz und
Laub sind nicht weggeräumt und Felsbrocken, die
auf den Asphalt gestürzt sind, liegen herum. Auch gibt
es jede Menge Schlaglöcher und ich muss höllisch aufpassen, nicht in eines zu geraten. Etwas mulmig ist
mir schon. Niemand außer mir ist hier unterwegs. Kein
Auto weit und breit und auch keine Radfahrer. Nichts
und niemand bewegt sich hier, seltsam! Dabei ist diese
Straße auf meiner Karte mit einem grünen Band mar-
kiert, was auf einen landschaftlich schönen Abschnitt
schließen lässt. Hoffentlich hört sie nicht irgendwo im
Tal mitten im Wald auf. Dann wäre ich schön ange-
schmiert und müsste den ganzen weiten Anstieg wieder
nach oben zurücklegen. Bin ich hier wirklich auf der
richtigen Straße? Fragen kann ich leider niemanden,
denn außer den Bäumen des Waldes ist keiner da. Ich

halte an und nehme die Karte noch einmal zur Hand. Drüben, auf der anderen Seite des Tals, verläuft die Autobahn. Sonst gibt es hier keine andere Straße. Ich fahre weiter, die Straße ist eine Katastrophe, aber das hilft jetzt nichts. Ich kann nur hoffen (oder vertrauen), dass ich richtig bin, eine andere Wahl habe ich nicht. Ich ergebe mich dem Schicksal, vertraue wenigstens etwas und fahre immer tiefer in den Wald. Dabei muss ich so manchem Felsbrocken ausweichen, der sich mitten auf die Fahrbahn gesetzt hat. Schnell darf ich das Rad nicht rollen lassen, denn schon nach der nächsten Kurve könnte wieder etwas auf der Straße liegen, oder vielleicht ein Wolf auf der Fahrbahn stehen. Hat da nicht gerade etwas im Gebüsch geraschelt? Ach was, Blödsinn! Hier gibt es keine Wölfe, die sind alle im Nationalpark hinter den Bergen. Aber einige kleine Anzeichen von Zivilisation wünschte ich mir jetzt doch langsam, es wird Zeit.

Endlich taucht ein Dorf auf, vor den Häusern stehen Menschen und auch einige Autos sind zu sehen. Die müssen ja irgendwie hierher gekommen sein. Also endet diese Straße vielleicht doch nicht irgendwo im Wald. Ich bin erleichtert und die Fahrbahn wird besser. Die wilde Strecke liegt hinter mir. Ich überquere eine Brücke und unter mir fließt der Tiber noch ganz klein in einem steinigen Bett. Hinter mir tauchen zwei Radfahrer auf. Die kenne ich doch! Richtig, es sind die beiden Holländer von vorhin. Wir grüßen uns, sie fragen mich in Englisch woher ich komme, und ich antworte in Englisch „aus Bayern". Nun sprechen sie Deutsch, warum auch nicht. Wir fahren ein Stück zusammen weiter und unterhalten uns. Die beiden sind sehr angenehm.

Wir erreichen Pieve Santo Stefano, es ist jetzt 11 Uhr und sehr heiß. Erste Spuren dieses Ortes finden sich in der Jungsteinzeit, der Kupfersteinzeit und der Bronzezeit. Aus der Römerzeit existieren noch einige Brückenruinen, die über den Tiber führten. Die Gegend war für die römische Holzwirtschaft bedeutend, da das Holz über den Fluss leicht nach Rom transportiert werden konnte. Gegen Ende des Zweiten Weltkriegs fanden hier, nahe der Gotenlinie, schwere Gefechte statt. Ich werde mir hier ein Zimmer suchen, meine Begleiter wollen nur etwas trinken und dann weiterfahren. Nicht weit von der Ortsmitte entfernt findet sich ein kleines Hotel. Das gefällt mir und so frage ich nach einem Zimmer. Trotz der drei Sterne spricht die Frau an der Rezeption fast kein Englisch. Irgendwie kann ich aber doch ein Zimmer ergattern, der Preis liegt gerade noch im Rahmen meines Budgets. Einziger Nachteil, ich könne das Zimmer nicht sofort beziehen sondern müsse bis 14 Uhr warten. So viel Italienisch kann ich nun aus dem Französischen ableiten, um das zu verstehen. Zumindest darf ich Gepäck und Fahrrad im Hotel abstellen, so dass ich mir die Stunden des Wartens ohne Ballast vertreiben kann.

Meine holländischen Freunde sitzen bereits in einem kleinen Bistro und trinken etwas. Ich geselle mich zu ihnen. Schön, wieder einmal ungezwungen in der eigenen Sprache mit anderen reden und Gedanken austauschen zu können. Sie erzählen von ihrer bisherigen Reise und ich von meiner. Sie sind im letzten Jahr in der Nähe von Amsterdam aufgebrochen und von dort bis an den Bodensee geradelt. In diesem Jahr starteten sie von dort aus und fuhren durch die Schweiz bis hierher. Auch sie wollen nach Rom. Wir trinken ein kühles Getränk (das erfrischt), unterhalten uns und genießen den Augenblick. Dann fahren die beiden weiter und ich streife alleine durch den Ort. Da es wieder sehr heiß ist, versuche ich im Schatten der Häuser zu bleiben. In einem Laden kaufe ich etwas Obst und Wasser. Danach läute ich an der Türe des Pfarramts, um einen kirchlichen Tagesstempel zu erhalten. Doch da habe ich kein Glück. Eine alte Frau öffnet die Tür und erklärt mir, dass der Pfarrer erst wieder am Sonntag hierher komme. So lange kann ich natürlich nicht warten, denn heute ist erst Mittwoch. Im Rathaus habe ich dann auch kein Glück, die Büros sind dort am Mittwoch immer geschlossen. Das Tourist Office macht ebenfalls den ganzen Nachmittag nicht auf und ich habe den Eindruck, es macht nie mehr auf. Kurz nach 13 Uhr habe ich genug vom Warten, kehre zum Hotel zurück, bekomme den Zimmerschlüssel und kann mich endlich duschen und ausruhen.

Gegen 18 Uhr brennt die Sonne nicht mehr so erbarmungslos vom Himmel und Leben rührt sich in den Straßen und Gassen. Ich entdecke eine hübsche Pizzeria, kehre ein, muss aber noch etwas warten, denn erst ab 19 Uhr wird hier serviert. Heute Abend will ich meinen großen Etappensieg, die Überquerung der Berge, feiern. Als Vorspeise wähle ich prosciutto crudo mit Melone, als Hauptgang Spaghetti mit Thunfisch, und als Nachtisch ein kleines Schokoladeneis. Dazu trinke ich einen Liter Mineralwasser. Alles schmeckt wunderbar, das Ambiente ist angenehm, Familien nehmen an den Tischen neben mir Platz und ich fühle mich rund um wohl. Nach dem Essen bleibe ich noch eine Weile sitzen, trinke mein Wasser und bin einfach nur zufrieden.

Danach folgt noch ein Spaziergang durch den Ort. Jetzt, wo es nicht mehr so heiß ist, brauche ich nicht mehr die Schatten der Häuser zu suchen. Wieder im Hotel, schreibe ich meine Tagesnotizen und plane die Strecke für morgen. Dann gehe ich früh ins Bett, denn morgen um 5 Uhr heißt es wieder aufstehen und losfahren. Dass ich morgen bereits sehr früh aufstehen und losfahren werde, habe ich an der Rezeption mitgeteilt. Die Türe nach hinten sei morgen früh offen, versichert man mir, dort könne ich hinaus, auch wenn noch niemand da sei.

**Gedanken des Tages:**
Zum Glück endete die wilde Straße nicht plötzlich im Nichts
Heute traf ich die ersten Rompilger, aber wie auf dem Jakobsweg ist das hier nicht
Die Berge sind bezwungen, der Weg nach Rom ist frei!

**Tagesleistung: 55 Kilometer**
Hotel „Il Diario", Pieve Santo Stefano,
50 Euro, Ü ohne F

*20. Juni 2012, Bagno di Romagna*

*20. Juni 2012, in den Bergen des Apennin*

## Donnerstag, 21. Juni 2012
Pieve Santo Stefano - Umbertide

Schon im Morgengrauen packe ich meine Sachen und schiebe das Rad in die Frische des neuen Tages. Kaum zu glauben, dass die Sonne schon in ein paar Stunden wieder so extrem heiß brennen wird. Schön ist das, so einfach mit dem Fahrrad loszufahren, über leere Straßen, in kühler frischer Luft, neuen Zielen entgegen. Wieder erlebe ich um 6 Uhr einen herrlichen Sonnenaufgang und freue mich über die tollen Farben der Landschaft um mich herum. Das Licht ist um diese Zeit einmalig. Auf meinen letzten Radtouren fuhr ich nie so früh am Morgen los. Jetzt weiß ich, was ich damals verpasst habe.

Zu meiner Rechten taucht der Stausee Lago di Montedoglio auf. Ruhig liegt das Land vor mir, die Stille verstärkt diesen verträumten Augenblick. Umrahmt von Bergen und Wäldern liegt der See vor mir, still und geduldig, ganz das Gegenteil zur Hektik meines Berufsalltags. Ich steige ab, spüre die Ruhe um mich herum und blicke lange über die Wasserfläche auf die Berge. Dort liegt Umbrien und will von mir entdeckt werden. Ich war noch nie so weit auf dem italienischen Stiefel und bin gespannt auf dieses schöne Land.

Weiter bis Citta di Castello. Dieser Ort ist umbrischen oder etruskischen Ursprungs. Im Jahre 89 v. Chr. wurde er Municipium unter dem Namen Tifernum Tiberinum. Cesare Borgia verleibte die Stadt für seinen Vater Papst Alexander VI. dem Kirchenstaat ein. 1860 eroberten piemontesische Truppen den Ort für das vereinigte

Italien. Hier wollte ich eigentlich übernachten. Aber es ist noch viel zu früh, um diese Tagesetappe zu beenden. Ich laufe durch die Altstadt, es ist Markttag und viele Verkaufsstände preisen ihre Waren an. An manchen duftet es herrlich nach Gebratenem, ein Spanferkel wird fachmännisch zerlegt und das Fleisch verkauft.

Gegen 9 Uhr fahre ich weiter. Da ich morgen Assisi erreichen möchte, will ich heute noch ein Stück in diese Richtung fahren. Die Straße verläuft ohne nennenswerte Anstiege, und so komme ich gut voran. Der Verkehr nimmt zu, ist aber noch nicht unangenehm. Auf manchen Abschnitten ist die Asphaltdecke in einem äußerst schlechten Zustand und am Straßenrand, gerade dort wo Radfahrer nun einmal fahren müssen, mit Schlaglöchern nur so gespickt. Ich kann teilweise nur im Schritttempo fahren und bin froh, unplattbare Spezialreifen zu haben. Die waren nicht billig, sind jetzt aber jeden Euro wert. Normale Reifen wären hier sicher bald platt.

Gegen 10.30 Uhr erreiche ich Umbertide und suche schnell Schutz im Schatten der engen Gassen. Umbertide liegt am linken Flussufer des Tibers, umgeben von grünen Hügeln, von denen der Monte Acuto mit seinen 926 Metern die höchste Erhebung ist. Sehenswert sind die Kirche S. Maria della Reggia aus dem 16. Jahrhundert und die Kirche S. Croce aus dem 17. Jahrhundert. Im Tourist Office erhalte ich einen Stadtplan und den Namen eines kleinen Hotels gleich um die Ecke. Verschlafen liegt es bald vor mir, die Türe steht offen, zu sehen ist aber niemand. Ein älterer Mann aus der Kneipe von nebenan rät mir hineinzugehen, irgendwo müsste schon jemand sein. Also versuche ich mein Glück, gehe die Treppe hinauf, schaue mich um und betrete ein Büro. Die Fenster stehen weit offen, zu entdecken ist aber niemand. Wieder draußen setze ich mich auf einen der Stühle vor dem Hotel und warte. Nach einiger Zeit höre ich Stimmen, gehe wieder hinein, habe Glück und erwische gerade noch eine Putzfrau, die in einem der Zimmer verschwinden will. Ich benutze meinen italienischen Standardsatz und frage nach einem Zimmer: „C'è una stanza libera"? Sie erwidert etwas, viel verstehe ich nicht, mir ist aber, als sagte sie, sie werde jemanden holen. Sie macht sich auf den Weg und kommt kurz darauf mit einer weiteren Frau zurück. Die scheint hier das Sagen zu haben. Auf jeden Fall bekomme ich einen Schlüssel, stehe schon bald in einem freundlichen Zimmer und bin zufrieden. Der Preis ist in Ordnung, das Zimmer mitten in der Altstadt und die Menschen sind freundlich. Mein Rad findet einen Platz im Eingangsbereich, dort ist es auch in der Nacht sicher.

Duschen, umziehen und dann den restlichen Schlaf von heute Morgen nachholen. Bei halb geschlossenen Fensterläden döse ich erst einmal vor mich hin, während draußen vor meinem Fenster die Mittagshitze brütet.

Gegen 17 Uhr gehe ich auf Erkundungstour, laufe durch die engen, schattigen Gassen, überquere den Tiber auf einer Straßenbrücke und betrachte mir den Ort vom Flussufer aus. Eine schöne Pizzeria wie die gestern in Santo Stefano suche ich hier leider vergebens. Hier scheint es nur wenige Restaurants zu geben, die mir aber viel zu teuer erscheinen. Am zentralen Platz gibt es nur zwei Kneipen, dort könnte ich etwas trinken, jedoch nichts essen. Aber Hunger macht sich bemerkbar. Also entschließe ich mich in einen Supermarkt zu gehen und mir dort etwas zu kaufen. Das entlastet mein Budget. Draußen vor der Stadtmauer findet sich dann auch noch ein schönes Plätzchen für ein Picknick. Hier wurde auch eine Bühne aufgebaut und Musiker proben für ihren Auftritt. Ich erfahre, dass um 21 Uhr eine Musikveranstaltung beginnen wird. So lange will ich aber nicht warten. Es ist jetzt 19 Uhr und ich muss morgen wieder sehr früh raus. Ich schlendere noch etwas durch den Ort und ziehe mich dann wieder auf mein Zimmer zurück. Im Büro sitzt jetzt auch der Chef des Hauses und ich darf mein Zimmer bezahlen. Wir vereinbaren einen Preis ohne Frühstück und er erklärt mir, wie ich morgen früh das Haus verlassen kann, da um diese unchristliche Zeit noch niemand auf den Beinen sein wird. Vor allem solle ich die Haustüre wieder fest hinter mir zuziehen, schärft er mir ein.

Ich liege im Bett, draußen wird es langsam dunkel und das Leben vor meinem Fenster beginnt. So still und ausgestorben der Ort in der Mittagshitze schlummerte, so lebhaft ist er nun am Abend. Mir gefällt das. Ich fühle mich nicht alleine, vor meinem Fenster sitzen die Menschen, unterhalten sich und lachen viel. In dieser angenehmen Stimmung driffte ich langsam hinüber ins Reich der Träume.

*21. Juni 2012, Citta di Castello, Altstadt*

*21. Juni 2012, Umbertide am Tiber, Umbrien*

130

**Gedanken des Tages:**
Erhält Italien keine EU-Fördergelder für seine Straßen?
Hier herrscht ein anderer Lebensrhythmus – man kann
sich aber daran gewöhnen
Ein Sonnenaufgang in der Frische des Morgens ist ein
unvergesslicher Augenblick
Kaum zu glauben, dass es um 10 Uhr wieder so extrem
heiß sein wird

**Tagesleistung: 58 Kilometer**
Hotel Capponi, Umbertide, 40 Euro, Ü ohne F

## Freitag, 22. Juni 2012
Umbertide – Perugia

Ich lasse heute Morgen den Schlüssel in der Zimmertüre stecken, gehe ganz leise die Treppe hinunter, öffne die Haustüre, vergewissere mich, dass ich auch nichts vergessen habe, schiebe das Rad nach draußen und schließe die Türe fest hinter mir. Nun stehe ich vor dem Hotel, viel bewegt sich nicht um mich herum, und starte eine neue Tagesetappe in einen frischen kühlen Morgen.

6 Uhr, das Land liegt still vor mir, die Sonne spitzt bereits über die Berge. Und wieder erlebe ich einen dieser brillianten Sonnenaufgänge auf einsamer Landstraße. Die Farben werden kräftiger und die Luft wärmer. So früh am Morgen ist es relativ kühl und ich ziehe mir vorsichtshalber meine Radlerjacke über, um nicht vielleicht doch noch eine Erkältung zu riskieren. Sicher ist sicher, ich gehe kein Risiko mehr ein, das Ziel zu gefährden.

Ursprünglich sollte die Reise heute nach Assisi gehen. Aber auf dem Weg dorthin ändere ich meine Meinung. Die Straßenführung zwischen Perugia und Assisi erscheint mir zu kompliziert. Zu viele Schnellstraßen wären zu überqueren und wegen der großen Hitze bräuchte ich dafür sicher zu lange. Ich will absolut nichts riskieren, was mir die Tour und das Ankommen in Rom in letzter Minute doch noch vermasseln könnte. Also sehe ich mir die Karte noch einmal genauer an. Bis Perugia kann auf Landstraßen gefahren werden und die Stadt ist relativ leicht zu erreichen. Keine vierspurigen Schnellstraßen stören den Weg dorthin, also sollte ich diesen auch wählen. Gesagt, entschieden, getan.

Schon bald beginnt der Anstieg hinauf nach Perugia. Die „Città de la Pace" liegt auf fast 500 Metern Höhe und die wollen erst einmal überwunden werden. Perugia wurde von den Etruskern auf einem markanten Hügel gegründet. Sie gehörte zu den zwölf mächtigsten etruskischen Städten und zum Zwölfstädtebund. In der Altstadt finden sich enge Gassen und zahlreiche interessante Kulturdenkmäler, darunter der Arco Etrusco, ein Bogenbauwerk aus dem 3. Jahrhundert v. Chr., die mittelalterliche Fontana Maggiore, für die Bürger Perugias der schönste Brunnen der Welt, und der Palazzo dei Priori. Langsam, Schritt für Schritt, schiebe ich Rad und Gepäck nach oben, immer schön im Schatten der Bäume. Dann erreiche ich die ersten Häuser, bin aber noch lange nicht im Zentrum. Ein freundlicher Mann erklärt mir den Weg, und als er merkt, dass ich seinen Ausführungen nicht wirklich folgen kann, begleitet er mich ein Stück des Weges. Erst als ich die richtige Richtung eingeschlagen habe und mich zurechtfinde, geht er seiner Wege. Ich komme zur Piazza IV Novembre vor der Kathedrale di San Lorenzo. Kurz davor, in einer Seitengasse, streift mich zufällig die Jugendherberge. Diesen Ort merke ich mir, dort könnte ich heute übernachten. Und dieser Gedanke erweist sich als goldrichtig, denn die Hotels sind alle sehr teuer. Also kehre ich zur Jugendherberge zurück und habe Glück. Sie ist bis 11 Uhr geöffnet. Ich darf mein Gepäck in einen Raum und das Rad in eine Abstellkammer stellen, und mir wird ein Platz in einem Vierbettzimmer zugeteilt. Bleiben darf ich jetzt aber noch nicht, denn zwischen 11 Uhr und 15.30 Uhr darf sich niemand in der Jugendherberge aufhalten. Das macht aber nichts. Ohne Gepäck und in der Gewissheit, ein Bett für die Nacht zu haben, werde ich mir die vier Stunden in der Stadt schon vertreiben können.

Zuerst einmal setze ich mich an einen Tisch im Außenbereich eines Bistros gegenüber der Kathedrale und esse etwas. Mein Magen knurrt und von hier aus lässt sich das bunte Treiben auf dem Platz gut beobachten. Dann betrete ich die Kathedrale di San Lorenzo. Nicht viele Menschen sind anwesend, es ist kühl und ruhig. Doch dann dringt auf einmal Musik und Trommelwirbel von draußen an mein Ohr, wird lauter und kommt näher. Ich trete vor die Tür und sehe jede Menge Kinder über den Hauptplatz in Richtung Kathedrale ziehen. Vor dem Eingang stehen Männer und Frauen in Tracht mit Fahnen Spalier. Schnell füllt sich das Innere des vorher so ruhigen Kirchenbaus mit Leben. Später ist zu erfahren, dass heute letzter Schultag ist und alle Schüler der Stadt Abschlussgottesdienst feiern. Daher wohl auch die Freude in den Gesichtern der Kinder. Musik erfüllt das Gotteshaus, es wird getanzt und gesungen, die Stimmung ist ausgelassen. Aus einem stillen, leeren Raum, wird plötzlich ein mit quirrligem Leben erfüllter Ort der Freude. Ich bleibe und nehme einfach an dieser Feier teil. Zufällig treffe ich auch den Mann wieder, der mir vorhin so freundlich den Weg ins Stadtzentrum gezeigt hat. Leider sind unsere Sprachschwierigkeiten zu groß für eine Unterhaltung. Der Bischof hält eine Rede, dann folgt eine Vertreterin Umbriens und anschließend noch zwei Ehrengäste. Danach wird noch einmal aus vollen Kehlen gesungen und den Vortänzern am Altar nachgeeifert. Mich beeindruckt diese heitere und vor allem laute Stimmung.

Am Ende strömen alle wieder nach draußen in die Hitze des frühen Nachmittags. Auf dem Platz vor der Kathedrale ist ein Tankwagen vorgefahren, der die vielen Kinder mit Wasser versorgt. Insgesamt, so erfahre ich, sind es 2.000 Kinder. Bei dieser Hitze müssen alle natürlich sehr viel trinken. Auch ich habe immer eine Wasserflasche dabei, die an bestimmten Trinkwasserstellen wieder aufgefüllt werden kann. Das ist sehr praktisch.

Ich streife in aller Ruhe durch Gassen und über Plätze, halte mich im Schatten, betrete ab und zu die kühlen Vorhallen von Museen und anderer Gebäude, genieße im Schatten der Bäume den Blick über das heiße Land und erkenne im Südosten Assisi. Dort drüben wollte ich jetzt eigentlich sein, bedauere es aber keineswegs, Perugia gewählt zu haben. Die Stadt gefällt mir. Der Zeiger meiner Uhr nähert sich halb vier. Ich lenke meine langsamen, der Hitze angepassten Schritte, in Richtung Jugendherberge. Vor dem Eingang, der noch verschlossen ist, stehen drei Jugendliche und unterhalten sich in Englisch. Ich geselle mich zu ihnen.

Dann öffnet sich das Tor und wir dürfen in die kühle Frische des alten Gebäudes. Ich erhalte meine Bettwäsche und den Zimmerschlüssel. Noch habe ich das Zimmer für mich alleine. Bett bezogen, Gepäck verstaut, Gemeinschaftsdusche benutzt und saubere Kleider angezogen, so gehe ich hinunter in den Aufenthaltsraum. Hier setze ich mich an einen der Tische, schreibe meine Tagesnotizen und studiere die Karte, um mir die Route für morgen einzuprägen. Dann esse ich etwas von den Sachen, die ich mir vorhin noch schnell in einem Laden gekauft habe. Krabben, Zitrone, Brot, Tomaten,

Joghurt und Mineralwasser. Von der Terrasse bietet sich dem Betrachter ein phantastischer Blick über die Dächer der Altstadt. Jugendherbergen liegen meist wunderbar in der Altstadt. Ich fühle mich hier sehr wohl, setze mich in einen Liegestuhl und nehme ein Buch zur Hand, das ich aus dem Aufenthaltsraum mitgenommen habe. Kurz darauf setzt sich ein älterer Mann neben mich und wir kommen ins Gespräch. Er heißt Ernesto, ist Italiener, kommt aus Neapel und arbeitet in Perugia. Da er gerade umzieht, muss er einige Tage in der Jugenherberge übernachten, erzählt er mir in Englisch. Ernesto spricht diese Sprache ganz gut und so können wir uns unterhalten. Wir kommen auf Rotwein zu sprechen. Als Weinliebhaber erzähle ich ihm von meinem Keller zuhause, in dem vor allem französische Flaschen liegen. Er weiß viel über italienische Weine, holt eine Flasche aus der Toskana aus seinem Zimmer, die ihm Freunde geschenkt haben, und

*22. Juni 2012, Perugia, Fontana Maggiore*

schenkt ein. Der Wein schmeckt wunderbar. Ich bekomme an diesem Abend doch noch einen Mitbewohner aufs Zimmer, sehe ihn aber kaum, denn er geht später ins Bett als ich. Der Wein hat mich müde gemacht und ich muss morgen wieder sehr früh raus.

**Gedanken des Tages:**
Ich fuhr noch nie so wenige Stunden pro Tag, aber die Hitze lässt einfach nicht mehr zu
Seit Langem habe ich nicht mehr eine so tolle Stimmung in einer Kirche erlebt wie heute
Ernesto hat recht, nicht Gott tut Gutes, wir müssen es tun

**Tagesleistung: 34 Kilometer**
Ostello Della Gioventu (Jugendherberge),
Perugia Centro, 18 Euro, Ü ohne F

*22. Juni 2012, Perugia, Palazzo dei Priori*

**Samstag, 23. Juni 2012**
Perugia - Todi

Mein Zimmerkollege schläft noch, als ich zeitig aufbreche. Nichts rührt sich in der Herberge. Ich schließe die große Eingangstüre hinter mir und stehe im Morgengrauen. Aber ich bin nicht ganz alleine. Die Sonne beginnt sich über die Berge zu schieben und mich anzustrahlen. Jetzt beginnt es also wieder, das Wettrennen mit diesem heißen Himmelskörper. Ich muss schauen, dass ich aufbreche, bevor er mir wieder gefährlich wird. Erneut müssen ausreichend Kilometer bis 10 Uhr in Richtung Rom zurückgelegt werden.

Aus Perugia herauszufinden und auf die richtige Landstraße zu gelangen, die ich mir für heute herausgesucht habe, erweist sich als schwierig. Ein paar Mal verfahre ich mich und muss mich durchfragen. Dann endlich ist die richtige Straße in Richtung Marsciano gefunden. Das Gelände ist eben und ich komme gut voran. Die Luft ist herrlich frisch, wenig Verkehr behindert mich, die Farben sind intensiv und die ersten Olivenbäume tauchen auf.

Nach ein paar Stunden im Sattel liegt Todi auf einem Bergrücken von etwa 400 Metern vor mir. Vor dem Anstieg stocke ich in einem kleinen Laden neben der Straße meinen Wasservorrat wieder auf und kaufe etwas Schokolade. Der Anstieg wird bei dieser Hitze und Höhe sicher nicht leicht werden, denke ich und soll Recht behalten. Laut Karte muss ich jetzt rechts abbiegen. Ein Schild weist auf eine 18 %ige Steigung hin. Auch das noch! Ohne Windungen führt die Straße schnurstracks nach oben. Es ist bereits nach 10 Uhr und die Sonne brennt wieder gnadenlos vom Himmel. Also wechsle ich erst einmal auf die andere Straßenseite, die im Schatten der Bäume liegt, und schiebe Rad und Gepäck ganz langsam nach oben. Dabei mache ich kleine Schritte und verweile kurz im Schatten der Bäume wie auf Inseln, um Kraft zu tanken für den Weitermarsch. Ganz langsam, Schritt für Schritt, von Schatten zu Schatten, gelange ich nach oben. Manchmal stehen die Bäume leider weiter auseinander und es gilt größere Streckenabschnitte in der prallen Sonne zu überwinden. Habe ich dann wieder eine Schatteninsel erreicht, fühle ich mich wie ein Sieger. Einige Autofahrer, die mich überholen, machen aufmunternde Handzeichen. Die haben es gut, sitzen in ihren kühlen Autos und fahren nach oben! Dann endlich taucht das erste Stadttor von Todi vor mir auf. Zwar geht es von hier aus immer noch weiter bergan, doch zumindest spenden die Häuser in den engen Gassen wohltuende Schatten. Schritt für Schritt und immer ganz langsam, wenn die Puste auszugehen droht, erreiche ich irgendwann tatsächlich den zentralen Platz der Stadt. Geschafft!

Im Tourist Office, gleich am Rande der Piazza del Popolo, erfahre ich, dass es in der Altstadt selbst nur ein Hotel gibt, und das ist nicht billig. Die anderen Häuser liegen außerhalb der historischen Mauern. Heute wird aber nicht gespart! Erstens habe ich gerade ein gutes Stück in Richtung Rom zurückgelegt und zweitens gerade bei glühender Hitze eine 18 %ige Steigung besiegt, was die beiden Signoras im Tourist Office mit großer Bewunderung honorieren. Da gönnt man sich doch mal was Besonderes, denke ich mir, und suche das besagte Hotel. Es liegt nur um die Ecke, trägt stolze 4 Sterne und sieht sehr gut aus.

Ich checke ein, beziehe ein sehr schönes, klimatisiertes Zimmer, und merke plötzlich, dass ich sehr müde bin. Kein Wunder, bin ich doch seit 5 Uhr auf den Beinen und dann noch dieser Anstieg. Ich lege mich hin und hole ein paar Stunden Schlaf nach. Am späten Nachmittag wage ich mich dann wieder nach draußen, wo mich eine immer noch glühende Sonne erwartet, laufe unter schattigen Bäumen ein Stück auf der alten Stadtmauer entlang, von der man weit ins Land blicken kann, und setze mich auf eine Bank. Ich bin alleine, niemand ist hier unterwegs, die Hitze ist immer noch groß. Ich lasse meinen Blick zu den Bergen jenseits des Tales schweifen und träume bei leisem Gezirpe unter südlichem Himmel einfach nur so vor mich hin. Stolz bin ich schon, nach dem Gastspiel im Krankenhaus von Forlì nun doch schon so weit an Rom herangefahren zu sein.

Nach weiteren Streifzügen durch den Ort bekomme ich Hunger und kaufe mir in einem Bistro zwei Pizzastücke, eines mit Tomaten und Sardellen, das andere mit Tomaten, Kräutern und Käse. Der krosse dünne Teig ist ein Genuss! Eine Bank am Rande der Altstadt bietet mir einen weiten Blick hinüber zum Hauptkamm der Apenninen. Schöner kann Picknick nicht sein. Ruhige Abendstimmung, entspannte Menschen um mich herum, zwei wunderbare Pizzen vor mir und dann dieser Wahnsinnsblick – traumhaft!

Langsam wird es dunkel, der Hauptplatz füllt sich mit Autos und die Restaurants und Kneipen mit Menschen, die sich tagsüber in ihren Häusern vor der Sonne verkrochen hatten. Das Leben erwacht. Auch ich genieße die Abendfrische, dieses Durchatmen, nicht mehr nur im

*23. Juni 2012, Todi, Palazzo dei Priori*

*23. Juni 2012, Todi, Piazza del Popolo mit Kathedrale*

Schatten laufen zu müssen, nicht mehr von der Sonne verbrannt zu werden. Auch mein Kreislauf ist in diesen erfrischenden Abendstunden wieder völlig in Ordnung und ich muss keine Angst haben, dass er plötzlich wieder verrückt spielt und mir die Weiterfahrt vermasseln könnte. Ziellos lenke ich meine Schritte durch Gassen, über Plätze und Straßen und bin einfach nur glücklich, hier zu sein. Todi wurde als umbrische Siedlung zwischen dem 8. und dem 7. Jahrhundert v. Chr. gegründet. 217 v. Chr. gelangte der Ort endgültig unter römische Herrschaft. Die meisten mittelalterlichen Baudenkmäler befinden sich im Zentrum der Altstadt um die Piazza del Popolo, wie der Dom Santa Maria Assunta aus dem 12. Jahrhundert und der Gouverneurspalast von 1334 mit dem noch etwas älteren Gülfenturm. Es ist bereits dunkel, als ich in mein Zimmer zurückkehre. Obwohl es hier in der Altstadt noch bis weit nach Mitternacht sehr laut zugeht (Menschen lachen und reden laut vor meinem Fenster), lasse ich dieses weit offen. Ich liebe offene Fenster in südlichen Ländern, na ja, das wissen Sie mittlerweile ja schon.

**Gedanken des Tages:**
Man kann sich wirklich daran gewöhnen, vieles ganz langsam zu machen
Zu schnelle Schritte beim Anstieg wären heute sicher wieder gefährlich geworden
Ist die Hälfte einer Tour geschafft, wird man innerlich ruhiger und gelassener

**Tagesleistung: 53 Kilometer**
Hotel Fonte Cesia, Todi, 80 Euro, Ü ohne F

## Sonntag, 24. Juni 2012
Todi – Narni

Heute Morgen ist tatsächlich jemand sehr früh anwesend, der mir die Türe aufschließt und mich als ersten Gast hinauslässt. Ich trage meine Radlerjacke über dem Trikot, so früh am morgen ist es noch recht frisch. Die Straßen der Altstadt, in der noch gestern Abend das Leben pulsierte, liegen heute Morgen wie ausgestorben vor mir. Leise rollt mein Rad die Hauptgasse entlang nach unten. Durch ein Stadttor gelange ich nach draußen auf die Landstraße in Richtung Acquasparta. Zu meiner Linken steigt gerade die Sonne über die Berge und rechts von mir schlummert ein Weingut noch in der Morgendämmerung. Nur ich bin hier unterwegs, nichts stört auf dieser frühen Fahrt durch Wiesen, Olivenhaine und Weinberge. Plötzlich wird der Straßenbelag richtig schlecht und viele Schlaglöcher zwingen mich im Schritttempo zu fahren. Das muss ich fotografieren, das glaubt mir sonst zuhause niemand. Sollte sich einer meiner Bekannten noch einmal über schlechte Straßen in Frankreich beklagen, zeige ich ihm diese Bilder. Es gibt aber auch Straßenabschnitte, die wunderbar neu geteert sind. Freue ich mich darüber, folgt bereits nach einigen Kilometern die Enttäuschung und es beginnt wieder ein schlechter Abschnitt. Mir kommt es so vor, als hätten einige Gemeinden mehr finanzielle Mittel für den Straßenbau zur Verfügung als andere.

Die Landstraße führt vor Acquasparta ein Stück direkt neben der Schnellstraße entlang, dann tauchen links von mir wieder hohe Berge auf, die Monti Martani. Zum Glück muss ich diese nicht überqueren und fahre weiter in Richtung San Gemini. Ich befinde mich nun auf der alten Römerstraße Via Flaminia. Diese Straße verbindet Rom seit der Antike mit der Adriaküste. Sie wurde im Auftrag des Censors Gaius Flaminius im Jahr 220 v. Chr. gebaut und während der Kaiserzeit mehrmals renoviert. Hier begegnet man der Geschichte wirklich auf Schritt und Tritt. Es wird warm und leider schon bald auch wieder heiß. Nach San Gemini folgt ein leichter Anstieg auf 236 Meter, der Passo d'Amelia. Dann rollen die Reifen wieder nach unten. Herrliche Ausblicke nach Osten auf den Hauptkamm der Apeninnen und nach Westen auf die Berge um Narni begleiten mich. Zypressen, Oliven-bäume und Weinreben, darüber ein strahlend blauer Himmel, so ungefähr muss das Paradies aussehen.

In der Ferne sind jetzt die Mauern einer alten Stadt am Rande der Berge auszumachen. Das muss Narni sein, mein heutiges Etappenziel. Ich erreiche das Tal der Nera und bald auch die Außenbezirke des Ortes. Hoch oben am Berg thront die Altstadt, dort hinauf soll die Reise gehen. Ich kaufe mir frisches Obst, ergänze meinen Was-servorrat, raste kurz und beginne dann den Aufstieg. Ein Passant erklärt mir auf Nachfrage grob die Richtung. Ich folge dieser bis zu einem Gebüsch. Entweder habe ich da etwas falsch verstanden, oder dieser Weg ist mehr für Mountain-Biker gedacht. Jedenfalls muss ich umkehren, zu weit in die Wildnis will ich mich dann doch nicht wagen. Nach einigem Suchen findet sich dann aber die richtige Straße. Ich fahre durch einen kurzen Tunnel, dann über eine Brücke und biege anschließend nach links ab. Hier beginnt der Anstieg und es geht richtig zur Sache, will heißen, kurz nach 10 Uhr bei großer Hitze auf 240 Meter. Das klingt zwar nicht viel, machen Sie das aber mal bei glühender Sonne, nach 50 Kilometern, mit Gepäck! Das ist nicht wirklich ein Vergnügen. Ich suche wieder den Schatten der Bäume, hangle mich quasi von Schatten zu Schatten, mache erneut kleine Schritte und habe vor allem viel Zeit. Das Ziel ist zum Greifen nahe und die Nachmittagshitze ist noch weit entfernt. Langsam, aber sicher gelange ich nach oben und stehe irgendwann vor dem alten Stadttor. Gleich rechts davon liegt das Tourist Office, dort versuchen mir alle Anwesenden gleichzeitig zu helfen. Ich erhalte einen Stadtplan und Ratschläge von allen Seiten.

Hier soll es ein Ostello geben, also eine Jugendherberge. Die will ich mir auf jeden Fall mal ansehen. Auf dem Weg dorthin streife ich das Rathaus. Auf meine Frage nach einem Tagesstempel fordert mich ein freundlicher Mann (der Bürgermeister, wie sich später herausstellt) auf, ihm ins Rathaus zu folgen. Wir ziehen von einer Amtsstube zur nächsten, bis in meinem Pilgerausweis das Stadtwappen von Narni thront. Ich bin überrascht, dass heute am Sonntag im Rathaus gearbeitet wird. Von Pieve Santo Stefano weiß ich, dass dort das Rathaus mittwochs geschlossen ist. Daraus schließe ich, dass in Italien vielleicht an Sonntagen die Rathäuser für den Publikumsverkehr geöffnet sind. Vielleicht, Genaues weiß ich natürlich nicht, interessiert mich aber auch nicht wirklich. Mit einem frischen Stempel im Ausweis geht es nun weiter zum Ostello.

Ich laufe durch enge Gassen mit alten Steinhäusern und erreiche gegen 11 Uhr ein großes altes Haus, das einer Burg gleicht. Das ist die Herberge. Die Türe ist verschlossen, ich finde eine Klingel und läute. Eine junge

Frau öffnet und sieht mich verwundert an. Ich nutze fast meinen gesamten italienischen Wortschatz, um nach einem Zimmer zu fragen. Die Verwunderung in ihrem Gesichtsausdruck verfliegt und ich darf eintreten. Nach den notwendigen Formalitäten (Name, Anschrift, Ausweis, Unterschrift) zeigt sie mir ein wunderschönes Zimmer, das ich für mich alleine haben kann. Es ist geräumig, hat ein Bett, einen Tisch, einen Schrank und ein großes Fenster mit einem phantastischen Blick über die umliegende Landschaft bis hinüber nach Terni vor dem Hauptkamm der Apeninnen. Ich bin begeistert! Das Beste aber kommt noch. Das Zimmer hat eine nagelneue Nasszelle mit WC und Dusche. Toll! Und das alles für nur 22 Euro. War das nun wieder einfach nur Glück? Egal, es ist wieder gut für mich gesorgt worden. Warum mache ich mir eigentlich Sorgen?

Gegen 13 Uhr breche ich zu einem kurzen Spaziergang durch die Altstadt auf. Während der römischen Expansion ins nördliche Mittelitalien hatte Narnia eine besondere strategische Bedeutung. Hier überquerte die Via Flaminia den Fluss Nar und hier zweigte auch eine weitere Heeresstraße ab. Noch heute ist Narni mit seinen engen Gassen und alten Steinbauten mittelalterlich geprägt. Von der Brücke Ponte di Augusto über den Fluss Nera steht heute noch ein Brückenbogen. Der rund 30 Meter hoch aufragende Bau war eine der größten von den Römern erbauten Brücken. Bedeutend ist auch die Rocca über der Stadt. In der Nähe von Narni befindet sich der geografische Mittelpunkt Italiens.

Wegen der Hitze bleibe ich aber nicht lange draußen und ziehe mich schon bald wieder für eine Nachmittagssiesta auf mein Zimmer zurück. Erst gegen 17 Uhr verlasse ich dieses dann wieder, habe Hunger und mache mich auf die Nahrungssuche. Sonntags sind auch in Italien die Lebensmittelläden geschlossen. An der Piazza dei Priori gibt es ein Cafe und ein Bistro, in dem die Menschen aber nur etwas trinken. In einer Seitengasse findet sich dann ein kleiner Imbiss. Mit knurrendem Magen erstehe ich ein belegtes Brötchen, ein viereckiges Stück Pizza und eine Flasche Mineralwasser. Dann setze ich mich vor dem Rathaus neben einen Brunnen und lasse es mir schmecken. Und wie das schmeckt! Wenn man richtig Hunger hat, schmeckt alles. Gesättigt und zufrieden bleibe ich noch etwas sitzen und schaue dem bunten Treiben zu. Narni hat nicht das gleiche Flair wie Todi. Hier ist alles etwas kleiner und einfacher. Viel ist nicht los, Touristen sieht man fast keine.

Ich schlendere durch den Ort und kehre dann zur Herberge zurück. Heute Abend wird im Rahmen der Fußball-Europameisterschaft das Spiel Italien gegen England im Fernsehen übertragen. Zumindest will ich mir die erste Halbzeit zusammen mit den anderen Gästen im Aufenthaltsraum ansehen. Bin gespannt, wie die Italiener ihre Mannschaft anfeuern werden. Wir sind zehn Personen im Fernsehzimmer, einem großen Raum, ein Stockwerk über meinem Zimmer. Das Spiel ist nicht besonders interessant und so ziehe ich mich nach der ersten Halbzeit zurück. Die Italiener feuern ihre Mannschaft genauso an wie jede andere Nation, das war auch zu erwarten. In der zweiten Halbzeit müssen dann Tore fallen, denn ich höre die Zuschauer über mir ab und zu jubeln und erfahre am nächsten Tag, dass Italien gewonnen hat.

*24. Juni 2012, Hauptkamm der Apenninen vor Narni*

*24. Juni 2012, Narni*

**Gedanken des Tages:**
Das Alleinsein während der langen heißen Nachmittage
fällt immer schwerer
Am Abend kommen die Zweifel, vielleicht doch noch
zu scheitern

**Tagesleistung: 50 Kilometer**
Ostello Sant'Anna, Narni, 22 Euro, Ü ohne F

## Montag, 25. Juni 2012
Narni – Rignano

Als ich heute Morgen die Herbergstüre hinter mir zuziehe, bewegt sich noch nicht viel. Im Osten graut der Morgen, während mein Rad durch die stillen, schlafenden Gassen den Berg hinunterrollt. Dort unten führt mein Weg weiter durch das enge Tal der Nera nach Westen, dem Tiber entgegen. Hinter mir thronen die Häuser von Narni auf einem Bergrücken und vor mir schlängelt sich die Landstraße zwischen hohen Bergen etwas oberhalb der Nera durchs Tal. In Richtung Civita Castellana folgt ein Anstieg. In der Frische des Morgens bleibe ich aber im Sattel und steige nicht ab. Noch ist das zu schaffen. Langsam weitet sich das Tal und ich erreiche den Scheitelpunkt des Anstiegs. Mein Blick schweift nach Südwesten. Dort hinten liegt Rom. Ein Schild nennt 77 Kilometer bis zum Ziel. Die wollen aber noch gefahren werden! Langsam kehrt aber die Zuversicht zurück, die ewige Stadt wirklich erreichen zu können. Olivenhaine säumen jetzt die Straße, schön ist das hier. Dort drüben liegt das Tal des Tiber, die Straße fällt jetzt leicht ab.

Neben der Autobahn radle ich ein Stück in Richtung Südwest, überquere die Rennstrecke bei Magliano und rolle durch eine kleine Ebene dem Tiber entgegen. Westlich des Flusses steigt die Straße wieder an. Leider gibt es hier keinen ausreichenden Randsteifen und so muss ich mich regelrecht ins Gebüsch drücken, wenn wieder einmal ein schwerer Lastwagen an mir vorbeizieht. Das ist unangenehm. Oben auf der Anhöhe folge ich einem Richtungshinweis nach Civita Castellana und erreiche deren Außenbezirke. Civita Castellana entstand an der Stelle der alten Hauptstadt der Falisker, einem Stamm, der dem etrurischen Bund gegen Rom angehörte. Die Altstadt befindet sich auf einem Felsplateau, hoch über den Tälern des Rio Maggiore und des Rio Filetto. In der Altstadt halte ich erst einmal vor einem kleinen Postamt und nutze die Gelegenheit, fünfzehn Briefmarken für meine vielen Postkarten zu kaufen, die ich noch verschicken muss. Mein Pilgerausweis wird im Rathaus abgestempelt, ich kaufe einige Früchte in einem Obstgeschäft und fülle den Vorrat an Mineralwasser wieder auf. Das ist ganz wichtig bei dieser Hitze. Danach führt die Straße erst einmal wieder hinunter ins Tal, um gleich darauf wieder anzusteigen. Aber das ist nun mal die Richtung nach Rom.

Ich bewege mich jetzt wieder auf der alten Römerstraße Via Flaminia. Es ist heiß und ich raste unter einem schattigen Baum, trinke und bündele meine Kräfte für die Weiterfahrt nach Rignano. Um 11.30 Uhr erreiche ich diesen Ort. Eigentlich ist es jetzt schon viel zu spät, um bei dieser Hitze weiter Rad zu fahren, aber in Civita Castellana war es noch zu früh gewesen, die heutige Etappe zu beenden. In Rignano sollte eine letzte preislich vernünftige Übernachtungsmöglichkeit vor Rom zu finden sein. Sicher könnte ich noch heute die letzten 30 Kilometer nach Rom zurücklegen, müsste dann aber in der größten Nachmittagshitze in das pulsierende Leben dieser Millionenstadt eintauchen. Das erscheint mir jedoch nicht allzu ratsam, zumal ich auch noch kein Hotelzimmer vorgebucht habe. Viel intelligenter wäre es daher, heute noch einmal außerhalb Roms zu übernachten und erst morgen früh in aller Frische dort anzukommen, um mir in Ruhe ein Hotel suchen zu können.

Aber Theorie und Praxis driften oft auseinander, so auch jetzt in Rignano. Kein Hinweis auf ein Hotel oder Gasthaus ist zu sehen. Das habe ich insgeheim befürchtet, denn wer übernachtet schon so kurz vor Rom an einem Ort, der nicht einmal besonders schön ist? Auf meine Frage nach Übernachtungsmöglichkeiten schütteln die Einheimischen nur den Kopf. Was nun? Die Türe eines kleinen Reisebüros steht offen. Die sind eigentlich für Hotels zuständig, denke ich mir und trete ein. Eine junge Frau sitzt hinter einem Bildschirm. Genaues weiß auch sie nicht, geht aber flux ins Internet, googelt den Ort und schaut nach, ob sich hier vielleicht doch etwas verbirgt. Und wir finden tatsächlich zwei Adressen, die Privatzimmer anbieten, eine hier im Ort, die andere etwas außerhalb an der Via Flaminia. „Mille grazie e arrivederci".

Das Zimmer im Ort entpuppt sich aber schnell als komplette Ferienwohnung und ist somit nicht das richtige für mich. Bleibt also nur noch das „Bed & Breakfast" neben der Landstraße. Ich fahre ein Stück zurück, biege von der Hauptstraße auf einen kleinen Nebenweg ab und radle an Olivenbäumen und schönen Villen vorbei bis vor ein hübsches Haus. Das muss es sein. Werde ich auch diesmal Glück haben und ein Zimmer bekommen? Vertrau doch, Johannes, warum so skeptisch? Ich läute. Eine Frau öffnet die Türe. Ich sage meinen italienischen Standardsatz auf, sie lässt mich eintreten und zeigt mir ein Zimmer. Zum Glück spricht sie ein wenig Französich, so können wir uns wenigstens etwas unterhalten.

Sie komme aus Rumänien, erklärt sie mir in einem Mix aus Italienisch und Französisch, ihr Mann sei Italiener. Dieser erscheint dann auch und klärt die Formalitäten. Mein Personalausweis wird kopiert und ich zahle 35 Euro für die Übernachtung mit Frühstück. Das ist ein guter Preis. Das Zimmer gefällt mir, der Blick aus dem Fenster auf Olivenbäume verspricht eine ruhige Nacht und die Nasszelle ist neu und sehr sauber. Wegen der Hitze bringt man mir eine kalte Flasche Mineralwasser, die kann ich jetzt gut gebrauchen.

Duschen, umziehen und etwas Schlaf von heute morgen nachholen. Als es draußen nicht mehr so heiß ist, setze ich mich auf die Terrasse in einen bequemen Gartenstuhl und lese in meinem Rom-Reiseführer. Außer mir scheint kein weiterer Gast hier zu sein. Zwei Katzen dösen auf der Terrassenmauer und ein kleiner schwarzer Hund lebt auch hier. Zuerst ist dieser etwas schüchtern und traut sich nicht so recht in meine Nähe. Dann wagt er es aber doch und als wir uns angefreundet haben, schleppt er seine Stoffmaus heran und will spielen. Ich will aber lesen, er kapiert das irgendwann und versucht nun die beiden Katzen zu ärgern, die sich das aber nicht gefallen lassen. Schön ist es hier, freundliche Menschen, ein verspielter Hund, zwei fauchende Katzen unter südlicher Sonne.

Am frühen Abend erscheinen dann meine Gastgeber auf der Terrasse und informieren mich über eine Möglichkeit, zu Abend zu essen. Nicht weit von hier, gleich neben der Hauptstraße, gibt es eine Pizzeria, erfahre ich. Die lässt sich leicht zu Fuß erreichen und macht um 19 Uhr auf. Auch lässt mich die Familie wissen, dass sie mich wegen einer Einladung heute Abend verlassen werde. Sie geben mir einen Hausschlüssel und zeigen mir, wie ich die Türe auf- und zuschließen muss. Dann setzen sich Vater, Mutter und Tochter ins Auto und fahren weg. Ich bleibe alleine auf der Terrasse zurück. Nicht ganz, der Hund ärgert noch immer die beiden Katzen, die sich aber zu wehren wissen.

Ich lese noch eine Weile und mache mich dann gegen halb sieben Uhr zu Fuß auf den Weg zur Pizzeria. Das Rad lasse ich auf der Terrasse stehen, Zeit habe ich ja genug. Auf der kleinen Nebenstraße lässt es sich entspannt laufen, neben der Hauptstraße macht das jedoch weniger Spaß. Gegen 19 Uhr erreiche ich das besagte Lokal, alle Stühle sind dort aber noch leer. Ein Kellner erklärt mir, dass hier erst ab 20 Uhr Essen serviert wird. Das ist mir zu spät. Erstens verspüre ich jetzt einen großen Hunger und zweitens möchte ich nicht zu spät neben der Hauptstraße zurücklaufen. Nicht etwa dass ich Angst hätte, aber wir sind hier trotzdem nicht allzu weit von einer Millionenstadt entfernt und sicher ist sicher. Also kaufe ich mir schnell ein paar belegte Brötchen und etwas Süßes und mache mich mit einer Flasche Wasser wieder auf den Rückweg. Da mein Hunger groß ist, erreichen die Brötchen das Zimmer nicht. Die Sonne steht schon tief am Himmel und ihre letzten Strahlen lassen die Olivenbäume neben der Straße intensiv leuchten. Ruhig und friedlich liegt diese wunderbare Landschaft vor mir. Aus den Gärten dringen Stimmen und nach der Abzweigung auf die Nebenstraße kommt mir ab und zu ein Moped entgegen.

*25. Juni 2012, Via Flaminia vor Rom*

*25. Juni 2012, Bed & Breakfast Solerno bei Rignano*

Zuhause angekommen setze ich mich noch ein Weilchen auf die Terrasse, der kleine Hund legt sich vor meine Füße und die Katzen haben endlich ihre Ruhe. Die Sonne verschwindet langsam hinter dem Horizont, es wird kühler und ich verspüre eine große Müdigkeit. Da ich morgen bereits wieder um fünf Uhr aufstehen will, ziehe ich mich gegen 21 Uhr auf mein Zimmer zurück. Grillen zirpen vor meinem Fenster und es wird dunkel. Gegen 22 Uhr höre ich meine Gastgeber zurückkommen und schlafe ein.

**Gedanken des Tages:**
Warum war ich zu Beginn der Reise nur so leichtsinnig?
Manchmal ist weniger einfach viel mehr
Italien hat einen anderen Lebensrhythmus
Europäisches Bewusstsein gelingt nur mit einer gemeinsamen Sprache

**Tagesleistung: 57 Kilometer**
Bed & Breakfast Solerno, kurz vor Rignano,
35 Euro, Ü mit F

## Dienstag, 26. Juni 2012
Rignano - Rom

Im Morgengrauen bin ich bereit aufzubrechen und obwohl ich meine Gastgeber informiert habe, dass ich zu so früher Stunde kein Frühstück erwarte, dringt aus der Küche leises Klappern. Sie lassen es sich tatsächlich nicht nehmen, mir doch so früh ein „Colazione" anzubieten. Was für eine Gastfreundschaft! Danach geht es auf die letzten Kilometer, dem Ziel entgegen. Ich verabschiede mich um 5.30 Uhr per Handschlag vom Chef des Hauses und schiebe mein Rad den Anstieg zur Straße hoch. Ein letztes Winken, dann rolle ich in die Frische des Morgens.

Die ersten Sonnenstrahlen wärmen, niemand ist jetzt schon unterwegs. Nach ein paar Metern vernehme ich leises Getrippel, blicke mich um, und wer läuft da hinter mir? Der kleine schwarze Hund meiner Gastgeber, mit dem ich mich gestern abend wohl zu sehr angefreundet habe. Fröhlich hüpft das Tier neben mir her. Der wird sicher bald nach Hause zurückkehren, denke ich und fahre weiter. Spätestens an der Hauptstraße muss er umkehren. Aber weit gefehlt! Er folgt mir auch auf die Hauptstraße. Wir sind bereits einen halben Kilometer von seinem Zuhause entfernt und er macht immer noch keine Anstalten, umkehren zu wollen. Ich halte an, der Hund läuft mitten auf die Fahrbahn, Autos hupen und weichen ihm aus. Was nun? Wird mir der Hund weiter nachlaufen? Bis Rom kann ich ihn definitiv nicht mitnehmen! Also kehre ich um und fahre die Strecke zum Haus zurück. Der kleine Schwarze hüpft weiter fröhlich um mein Rad herum, als wäre dies das Natürlichste auf der Welt. Wieder am Haus ist das Tor zum Garten verschlossen, nichts rührt sich. Die Leute haben sich sicher wieder hingelegt. Der Hund schlüpft durch einen Spalt im Zaun und legt sich in den Garten. Insgeheim hatte ich gehofft, jemand sei noch da und könne den Hund so lange festhalten, bis ich außer Sichtweite wäre. Sollte mir das Tier erneut folgen, käme ich hier so schnell nicht weg. Ich drücke also auf die Klingel, aber nichts rührt sich. Ein zweites Mal traue ich mich dann doch nicht mehr zu klingeln, denn ich will niemanden aufwecken, zumal diese Leute wegen mir schon so früh aufstehen mussten. Das Rad ließ ich vorsichtshalber oben an der Straße stehen. Langsam kehre ich nun dorthin zurück. Der Hund bleibt liegen, und das ist auch gut so. Oben angekommen, steige ich schnell auf und trete kräftig in die Pedale, um schleunigst wegzukommen, bevor mir der vierbeinige Freund erneut folgt. Der scheint aber genug von der Hauptstraße zu haben und läuft mir zum Glück nicht noch einmal nach. Ich biege erneut auf die Via Flaminia ab (der Hund ist nicht zu sehen), gebe Gas und die letzte Etappe nach Rom hat endlich begonnen.

In der Frische des Morgens gleitet mein Rad ruhig über den Asphalt. Ich passiere Morlupo und komme dem Ziel immer näher. Die Straße verläuft jetzt auf einer Anhöhe, von der aus sich mir schon bald ein Ausblick auf die Millionenstadt bieten sollte. Endlich ist es dann soweit. In der Ferne ist die helle Kuppel des Petersdoms zu erkennen, das ist ein ganz besonderer Moment. Jetzt geht es bergab und ich erreiche die Stelle, an der die Straße laut Karte vierspurig wird. Ausweichen unmöglich, aber ein Verbotsschild für Radfahrer ist nirgends zu sehen. Also bleibe ich auf dieser Straße und radle einfach weiter in Richtung „Centro". Rom, die „Ewige Stadt", wurde der Sage nach am 21. April 753 v. Chr. von Romulus gegründet und ist seit 1871 Hauptstadt Italiens. Die Altstadt, der Petersdom und die Vatikanstadt wurden 1980 von der UNESCO zum Weltkulturerbe erklärt.

Kurz vor 8 Uhr beginnt sich der Berufsverkehr bereits zu stauen und ich komme auf dem Seitenstreifen sogar schneller voran als die Autos neben mir. An der ersten Tiberbrücke, dem Ponte Flaminio (Corso di Francia), verlasse ich die Schnellstraße und überquere den Fluss. Nun muss ich diesem nur noch in Richtung Süden folgen, sollte ins Stadtzentrum gelangen und irgendwann auch zum Vatikan. Leider ist eine Orientierung auf meinem Stadtplan noch nicht möglich, denn so weit in die Außenbezirke reicht der nicht. Nach einer Weile biege ich dann doch einmal nach links ab, in der Hoffnung, schneller ins Stadtzentrum gelangen zu können. Von ein paar Radfahrern ist zu erfahren, dass ich mich am Eingang des Parks „Villa Borghese" befinde. Ich solle diesen einfach durchqueren. Jetzt kann ich mich anhand des Stadtplans orientieren und meinen aktuellen Standort lokalisieren. Die Villa Borghese ist eine ausgedehnte Parkanlage mit Kunstmuseum und war der Sommerpalast der borghesischen Fürsten. Ursprünglich gehörten zu dem Gelände Weinberge, Gärten, Ställe, ein Tiergarten mit seltenen Tieren und Pflanzen, eine Volière und Wasserspiele. Seit 1901 befindet sich der Park in Staatsbesitz.

Weiter geht die Fahrt, quer durch den Park, über eine Brücke, um ein paar Ecken, dann ist die Engelsburg erreicht. Es ist jetzt kurz vor 9 Uhr und ich habe alle Zeit der Welt, um mich zu orientieren. Langsam schiebe ich mein Rad über die „Via della Conciliatione" dem Petersplatz entgegen. Was für ein Gefühl! Ich habe es tatsächlich wieder einmal geschafft, bin trotz der großen Hitze und dem Krankenhausbesuch von Forli wirklich hier angekommen. Ich genieße diesen Augenblick des Sieges in vollen Zügen. Im Pilgerbüro neben dem Petersplatz ist so früh am Morgen noch nicht viel los. Das sollte ich nutzen, um mir meine Pilgerurkunde aushändigen zu lassen. Ich trete ein und werde auch gleich bedient. Mein Pilgerausweis wird kopiert und ich erhalte eine wunderschöne Urkunde. Die junge Frau, die sie mir aushändigt, ist voll des Lobes. Mein Pilgerausweis erhält den letzten Eintrag, somit wäre das Formelle erledigt.

Dann betrete ich zum ersten Mal den Petersplatz und stehe vor dem Petersdom. Bis jetzt hat alles prima geklappt, ich bin selbst total überrascht. Wenn ich auch noch ein gutes Zimmer finde, ist alles perfekt. Doch das entpuppt sich nun doch als etwas schwieriger. Links neben dem Petersplatz soll es laut meinem Reiseführer günstige Zimmer für Pilger geben. Dort sollte man sich aber vorher angemeldet haben, was ich natürlich nicht gemacht habe. Vielleicht ist mir aber auch diesmal das Glück wieder hold, denke ich, und versuche es einfach einmal. Aber es folgt die Ernüchterung, kein Zimmer ist mehr frei. Nun, das war eigentlich auch zu erwarten gewesen, alles andere wäre riesengroßes Glück gewesen. Ich solle es in einem Konvent gleich um die Ecke probieren, gibt man mir dann noch mit auf den Weg. Das mache ich auch, finde den Eingang, läute und erfahre über eine Sprechanlage, dass auch hier kein Zimmer mehr frei ist. Es ist jetzt kurz vor 10 Uhr und ich bin völlig ruhig, denn bis heute Abend ist noch viel Zeit. Da wird sich sicher noch etwas finden lassen. Ich werde einfach durch die angrenzenden Straßen radeln und mich nach Hotels umsehen, die soll es hier ja auch noch geben. Ich verlasse den Petersplatz, erreiche die Stadtmauer, die sich vom Vatikan in Richtung Engelsburg zieht, steige aufs Rad und starte durch.

Gleich beim zweiten Tor fällt mein Blick auf ein Drei-Sterne Hotel in einer ruhigen Seitenstraße, nur wenige Meter vom Vatikan entfernt. Ich stelle das Rad ab und trete ein. Hier ist es angenehm kühl. Ich werde freundlich empfangen, frage nach einem Zimmer für drei Nächte und werde eingebucht. Der Preis tut zwar weh, aber hier ist Rom, und das kostet eben etwas mehr. Das war aber vorher schon klar und deshalb habe ich während der letzten Tage zu sparen versucht, sodass ich den Betrag nun ausgeben kann. Das Rad verschwindet in einer sicheren Abstellkammer und das Zimmer ist super. Überhaupt ist das ganze Hotel wieder einmal ein absoluter Glückstreffer. Es liegt im Zentrum, nur einen Steinwurf vom Petersplatz enfernt, in einer ruhigen Seitenstraße, nicht weit von der U-Bahnstation entfernt, ist sauber, sicher, und das Personal sehr nett. Was will man mehr? War das nun wieder Glück oder hat da erneut jemand leicht nachgeholfen? Für reines Glück ist das hier schon fast zu perfekt. Was es auch immer war, ich bin glücklich.

Duschen, umziehen, Klimaanlage anschalten und Schlaf von heute Morgen nachholen. Das Leben kann so schön sein! Am frühen Abend folgt die erste Erkundungstour. In einem Bistro kaufe ich mir ein saftiges Stück Pizza und laufe dann zum Pilgerbüro. Dort soll es eine Drei-Tageskarte für alle öffentlichen Verkehrsmittel geben, einschließlich Fahrten mit den Sight-Seeing Doppeldeckerbussen. Das wäre jetzt genau das Richtige für die nächsten drei Tage. Für 25 Euro gelangt ein solches Ticket in meinen Besitz. Heute wird der Fahrschein aber noch nicht genutzt, denn er soll mir für Mittwoch bis Freitag dienen. Hier stehen auch viele öffentliche Telefone, in denen ich mit meiner Telefonkarte zu Hause anrufen kann.

Am Rande des Petersplatzes frage ich einen Schweizer Gardisten nach der Papstaudienz am morgigen Mittwoch. Von ihm erfahre ich, dass diese morgen nicht auf dem Petersplatz, sondern in der großen Audienzhalle stattfinden wird. Um aber teilnehmen zu können, bräuchte ich eine Einladung. Die sei zwar kostenlos, müsse aber einige Wochen im Voraus beim Pilgerbüro bestellt werden. Das habe ich natürlich verpasst. Wir kommen ins Gespräch. Als der Gardist erfährt, dass ich mit dem Fahrrad von Bayern nach Rom gefahren bin, ist er beeindruckt. „Dann bekommen Sie eine Karte" sagt er. „Von wem?" will ich wissen. "Von mir", sagt er, geht zu seinem Wachhäuschen, kommt mit einer Einladungskarte für die morgige Papstaudienz zurück und überreicht sie mir. Wunderbar! So kann auch ich morgen den Papst sehen. Ich setze mich auf eine der Steintreppen am Petersplatz und schaue einfach nur dem bunten Treiben auf dem Platz zu. Dann nehme ich meinen Rom-Reiseführer zur Hand und plane den Abend. Ein Spaziergang zur Piazza Navona bietet sich an.

Gegen 19 Uhr brennt die Sonne nicht mehr so heiß vom Himmel und das Klima ist richtig angenehm geworden. Das immer intensiver werdende Abendlicht verzaubert die Brücken, Bäume und Häuser. Ich laufe auf der Via della Conciliazione zur Engelsburg, überquere die Brücke Ponte Sant'Angelo und tauche ein in enge, romantische Gassen. Die vielen kleinen Restaurants füllen sich mit Gästen, Menschen flanieren, Motorroller gleiten unaufdringlich an mir vorbei, sogar einige Autos schleichen dahin. Es herrscht eine friedliche, gelassene Abendstimmung. Dann weiten sich die Gassen und ich trete hinaus auf die Piazza Navona, einen der charakteristischen Plätze des barocken Rom im Stadtviertel Parione. Ursprünglich war die Piazza Navona ein Stadion des römischen Kaisers Domitian, der ihn für athletische Wettkämpfe errichten ließ. Der Vierströmebrunnen wurde von Papst Innozenz X. in Auftrag gegeben und von Gian Lorenzo Bernini zwischen 1648 und 1651 in der Mitte der Piazza Navona erbaut. Vier Männerfiguren repräsentieren jeweils einen der für die damals vier bekannten Kontinente stehenden Flüsse Donau, Ganges, Nil und Río de la Plata. Ich laufe einmal um den Platz, bewundere den Vierströmebrunnen und lenke meine Schritte langsam wieder dem Tiber entgegen.

Diesmal überquere ich den Ponte Umberto, vor mir liegt der Palazzo di Giustizia, biege nach links in Richtung Engelsburg ab und komme an vielen kleinen Verkaufs- und Bücherständen vorbei. Die Engelsburg wurde als Mausoleum für Kaiser Hadrian und seine Nachfolger errichtet und später von verschiedenen Päpsten zur Burg umgebaut. Die Inquisition nutzte sie in späteren Jahren als Gefängnis, Giordano Bruno, Galileo Galilei und Alessandro Cagliostro waren ebenfalls dort gefangen. Als im Jahr 590 in Rom die Pest wütete, soll der Erzengel Michael Papst Gregor I. erschienen sein und ihm das Ende der Pest verkündet haben. Die Pest ging wirklich zu Ende und noch heute erinnert die Statue eines Engels auf der Spitze des Gebäudes an diese Episode. Die Abendsonne wärmt, niemand ist aufdringlich. Wieder auf dem Petersplatz nehme ich mir vor, doch noch zu warten, bis es dunkel geworden ist, um mit dem Stativ einige Nachtaufnahmen vom Petersdom machen zu können. Der große Platz leert sich zunehmend, je dunkler es wird. Andere Spezialisten bauen ebenfalls ihre Stative auf und warten auf den richtigen Augenblick, ihr Bild des Tages zu schießen. Auch mir gelingen an diesem Abend einige tolle Aufnahmen. Ein Blick zum Arbeitszimmer des Papstes verrät, dass dieser noch zugegen ist. Zumindest brennt dort oben noch Licht. Als ich gegen 22 Uhr langsam den Heimweg zum Hotel antrete, brennt dort oben das Licht noch immer. Im Hotel gönne ich mir heute Abend noch einmal den Luxus einer kalten Dusche. Um 23 Uhr liege ich im Bett und bin sehr zufrieden mit diesem Tag, meinem ersten in Rom, der so gut verlaufen ist. Ein großes Dankeschön an all die unsichtbaren Mächte, die hier und heute sicher besonders mithalfen, dass alles so perfekt geklappt hat.

*26. Juni 2012, Ankunft in Rom*

*26. Juni 2012, Ankunft auf dem Petersplatz im Vatikan*

*26. Juni 2012, Rom, Engelsburg*

*26. Juni 2012, Rom, Piazza Navona*

**Gedanken des Tages:**
Heute hat alles perfekt geklappt – ist das eigentlich normal?
Der Blick von der Via Flaminia auf den fernen Petersdom ist etwas ganz Besonderes
Auch ich habe heute die Ewige Stadt erreicht

**Tagesleistung: 48 Kilometer**
Hotel Bramante, Rom, 100 Euro, Ü mit F

## Mittwoch, 27. Juni 2012
Rom

Die Papstaudienz beginnt um 10.30 Uhr. Das Tor zum Vatikan wird aber bereits um 8.15 Uhr geöffnet. Da sollte man nicht zu spät ankommen, denn sicher wollen sehr viele Menschen zu dieser Audienz. Um 7.30 Uhr wartet heute Morgen ein reichhaltiges Frühstücksbuffet darauf, von mir entdeckt zu werden. Gestärkt und gut gelaunt mache ich mich kurz nach 8 Uhr auf den Weg zum Vatikan. Dort angekommen, muss ich leider feststellen, dass es ziemlich naiv von mir war, zu glauben, dass um 8.15 Uhr noch niemand vor dem Tor warten würde. Gegen 8.25 Uhr hat sich auf dem Petersplatz vor der Sicherheitskontrolle bereits eine lange Schlange gebildet. Alle Besucher müssen dort ihr Handgepäck durchleuchten lassen.

Ich reihe mich also ein und stehe in der prallen Sonne. Bis zu den Schatten spendenden Kolonnaden des Platzes ist es noch ein ganzes Stück hin. Die Sonne beginnt zu brennen und ich sorge mich um meinen Kreislauf. Es scheint nicht voran zu gehen. Menschen drängeln sich weiter vorne immer wieder in die Warteschlange. Bald kann ich nicht mehr in der prallen Sonne stehen, laufe seitlich an der Schlange vorbei bis zum ersten Schatten und reihe mich dort wieder ein. Niemanden scheint das zu stören, etwas chaotisch ist das alles schon hier. Trotz dieser kleinen Mogelei stehe ich dann doch noch fast eine gute Stunde in der Warteschlange. Kurz vor dem Scanner saugt mich die Menge wie in einen Trichter. Um mich herum ein Menschenmeer und ich bin mittendrin. Ausbrechen ist jetzt nicht mehr möglich, alle schieben und drücken nach vorne. Jetzt bin ich eingeschlossen, Platzangst kommt auf. Hinter mir klagt eine gut genährte Amerikanerin, ihr sei schlecht und sie bekomme keine Luft mehr. Auch sie hat Platzangst. Aber wir sind fast am Ziel, der Scanner ist zum Greifen nahe. Dann ist es endlich geschafft, ich passiere die Sicherheitskontrolle, überquere die Grenze zum Vatikan und gelange zur Vatikanischen Audienzhalle. Sie wurde zwischen 1964 und 1971 im Auftrag von Papst Paul VI. von Pier Luigi Nervi errichtet, einem bedeutenden italienischen Architekten, der durch seine stützenlosen, riesigen Dachkonstruktionen bekannt wurde. Fast 6.500 Besucher finden bei päpstlichen Generalaudienzen unter der riesigen parabolisch gewölbten Decke einen Sitzplatz. Wird ein Teil der Sitzplätze entfernt, lässt sich diese Zahl auf über 12.000 erweitern, durch das Entfernen aller Sitzplätze auf sogar maximal 25.000 Stehplätze. Eröffnet wurde die Audienzhalle 1971 im Rahmen einer Generalaudienz mit über 15.000 Personen.

Dort ist es angenehm kühl. Die ersten Reihen sind für besondere Gäste reserviert, ich finde einen freien Platz in der Mitte der riesigen Halle. Von hier aus wird der Papst gut zu sehen sein. Auf einer großen Leinwand bewegt sich eine lange Schlange immer noch wartender Menschen über den Peterplatz. Die Hitze da draußen muss jetzt schlimm sein. Ich bin froh, mich doch so früh angestellt zu haben. Die ganze Welt pulsiert um mich herum. Vor mir sitzt eine Pilgergruppe aus Mexiko, etwas weiter links eine andere aus Ecuador. Viele Sprachen schwirren durch den Raum - Französisch, Polnisch, Spanisch, Englisch und auch Deutsch ist zu hören. Alle Hautfarben sind vertreten, da spürt man die Weltkirche.

Um 10.30 Uhr ist der riesige Raum voller Menschen. Wir müssen einige Tausend sein. Meine Einladung trägt jedenfalls die Nummer 11.913. Bereits eine Viertel Stunde vor Audienzbeginn ertönen die ersten „Benedetto" Rufe. Ab und zu bricht Jubel aus und alle Augen folgen der Richtung, in der Erwartung, der Papst könne von dort erscheinen.

Dann ist es endlich soweit, Papst Benedikt XVI betritt den Raum. Ein gewaltiger Jubel brandet auf, die Menschen klatschen, rufen und sind völlig aus dem Häuschen. Der Papst schreitet in die Mitte und setzt sich auf einen Stuhl. Rechts neben ihm sitzt sein Sekretär, links ein älterer Würdenträger. Etwas weiter rechts sitzen Kardinäle. Der Heilige Vater beginnt Italienisch zu sprechen. Dies wird in verschiedene Sprachen übersetzt. Anschließend verliest der Papst einen ziemlich langen Text, wiederum auf Italienisch, der aber leider nicht übersetzt wird. Danach werden Pilgergruppen aus aller Welt in ihren Landessprachen vorgestellt. Die jeweiligen Gruppen melden sich dann lautstark zu Wort, manche singen etwas vor oder haben sogar Musikinstrumente dabei. Ich finde das sehr schön. Der Papst richtet am Ende einige Grußworte in der jeweiligen Sprache an die Pilger, was mit großem Jubel quittiert wird. Pilgergruppen aus der ganzen Welt werden vorgestellt. Die Audienz dauert knapp zwei Stunden, dann verlässt der Papst den Saal wieder, der sich nun zu leeren beginnt. Freundlich aber mit Nachdruck sorgen die Schweizer Gardisten dafür, dass wir alle zügig das Gebäude verlassen. Der Vatikanstaat ist der kleinste allgemein anerkannte Staat der Welt. Er ist eine Enklave in Italien innerhalb des Stadtgebiets von Rom, hat eine Fläche von 0,44 Quadratkilometern und etwa 930 Einwohner. Zum Territorium des Vatikan-staates gehören unter anderem der Petersdom, der Pe-tersplatz, die Sixtinische Kapelle sowie die Paläste und Gärten innerhalb der vatikanischen Mauern.

Es ist Mittag und ich verspüre Hunger. In einem Bistro gleich neben dem Petersplatz erstehe ich ein Stück Pizza und eine Flasche Mineralwasser, setze mich wie viele andere auf eine Steinmauer und lasse es mir schmecken. Um mich herum pulsiert das Leben, Menschen aus der ganzen Welt sind hier zu Gast. Wegen der Hitze ziehe ich mich anschließend für eine Siesta auf mein Zimmer zurück. Dort ist es angenehm kühl und etwas Schlaf muss auch noch nachgeholt werden.

Gegen 16 Uhr bin ich dann wieder unterwegs und be-nutze zum ersten Mal meine Karte für die öffentlichen Verkehrsmittel. In der Via della Conciliazione fahren die Sight Seeing Busse ab. Ich darf mit meiner Karte die Busse der Gesellschaft „Roma Cristiana" benutzen, denn das Ticket stammt aus dem Pilgerbüro. Gegen 16.30 Uhr fährt einer dieser Busse ab und ich finde den perfekten Platz auf dem Oberdeck, das durch eine Plane vor di-rekter Sonneneinstrahlung geschützt ist. Andere Busse bieten diesen Luxus nicht, dort sitzen die Fahrgäste in der prallen Sonne. Und los geht die Fahrt. Ich brauche mich weder um hupende, drängelnde Autofahrer, noch um die Orientierung zu kümmern, sondern lasse ganz entspannt die Sehenswürdigkeiten Roms an mir vorbei-gleiten. Vom Vatikan aus fahren wir an der Engelsburg vorbei, den Corso Vittorio Emanuele II entlang, bis zur ersten Haltestelle nahe der Piazza Navona. Wer möchte, kann hier aussteigen, die Piazza besuchen und mit einem der nächsten Busse weiterfahren. Ich steige nicht aus und will mir die ganze Route erst einmal von hier oben aus ansehen. Und weiter geht's durch den immer dichter werdenden Verkehr bis zum Bahnhof Termini. Hier müssen wir in einen anderen Bus umsteigen. Dieser bringt uns dann zum Kolosseum, das wir einmal umrunden, und dann weiter zum Circo Massimo. Entlang des Tibers geht es dann zum Vatikan zurück. Natürlich stecken wir irgendwann im dichten Verkehr fest und ich wechsle meinen Sitzplatz, um nicht in der prallen Sonne zu schmoren. Nach knapp zwei Stunden ist der Ausgangspunkt wieder erreicht.

Da der Petersdom täglich bis 19 Uhr geöffnet ist, will ich jetzt kurz nach 18 Uhr mein Glück versuchen und hoffe, dass sich die lange Schlange anstehender Menschen gelichtet hat. Und so ist es dann auch. Keine Menschenmassen stehen mehr vor dem Eingang und so gelange ich ohne Anstehen ins Innere dieses riesigen Kirchenbaus. Da ich wegen der Papstaudienz meine einzige lange Hose trage, bekomme ich auch keine Probleme am Eingang. Im Inneren staune ich nicht schlecht über die Größe und Pracht. Touristen fotografieren um die Wette. Einen Ort der Stille sucht man hier vergebens. Ich bewundere die Pietà von Michelangelo. Dann ist es auch schon Zeit zu gehen, denn wir werden kurz vor 19 Uhr energisch aufgefordert, das Gotteshaus zu verlassen.

Zeit- und ziellos lenke ich meine Schritte in der Abendsonne über den Petersplatz und streune durch das angrenzende Stadtviertel. Dort kaufe ich mir etwas zu essen, setze mich auf die Steinstufen vor den Petersdom

*27. Juni 2012, Rom, Vatikan, Petersplatz*

*27. Juni 2012, Rom, Vatikan, Petersdom*

*27. Juni 2012, Rom, Vatikan, Vatikanische Audienzhalle*

*27. Juni 2012, Rom, Vatikan, Petersdom, Pieta von Michelangelo*

174

und genieße die friedliche Abendstimmung. In der Mitte des rund 35.300 m² großen Platzes steht ein ägyptischer Obelisk aus dem Circus des Caligula und Nero, in dem Petrus der Überlieferung nach hingerichtet wurde. Dieser Obelisk hat ein geschätztes Gewicht von 322 Tonnen und steht auf einem Fundament mit vier Bronzelöwen. Seine Aufrichtung 1586 auf dem Petersplatz war eine technische Meisterleistung. Gegen 21 Uhr kehre ich in mein Zimmer zurück und bin so müde, dass ich schon fast eingeschlafen bin, noch bevor ich das Bett erreicht habe.

**Gedanken des Tages:**
Das Gefühl, einer Weltkirche anzugehören, war heute intensiv
Die Begeisterung für den Papst war echt - das hat mich beeindruckt

Übernachtung
Hotel Bramante, Rom, 100 Euro, Ü mit F

## Donnerstag, 28. Juni 2012
Rom

Heute will ich einige der Sehenswürdigkeiten Roms erkunden und dazu die U-Bahn benutzen. Die Haltestelle „Ottaviano-S.Pietro" liegt nur ein paar Straßen von meinem Hotel entfernt. Ich stärke mich am Frühstücksbuffet und mache mich kurz nach 8 Uhr auf die Socken.

U-Bahn fahren ist in Rom relativ einfach. Es gibt nur zwei Linien, die Linie A und die Linie B. Umgestiegen wird am Bahnhof Termini. Von der Stazione Ottaviano-S.Pietro fahre ich bis zur Stazione Spagna, verlasse den Untergrund, gelange auf die Piazza di Spagna und stehe schon bald vor der Spanischen Treppe, einer der bekanntesten Sehenswürdigkeiten Roms. Sie ist ein beliebter Treffpunkt für Touristen und hat insgesamt 138 Stufen. Der Platz vor der spanischen Botschaft beim Heiligen Stuhl war spanisches Hoheitsgebiet.

Von hier aus bummle ich dann durch die Straßen und Gassen weiter zum Trevi-Brunnen, dem populärsten und mit rund 26 Meter Höhe und rund 50 Meter Breite größten Brunnen Roms - einer der bekanntesten Brunnen der Welt. Anita Ekberg nahm zusammen mit Marcello Mastroianni in Fellinis Film „La Dolce Vita" (1960) ein nächtliches Bad im Trevi-Brunnen. Dies ist eine der bekanntesten Szenen der Filmgeschichte. Nach dem amerikanischen Film „Three Coins in the Fountain" (1954) kam der Brauch auf, Münzen in den Brunnen zu werfen. Bedienstete der Stadt fischen diese Münzen regelmäßig aus dem Wasser. Die geschätzten Einnahmen von rund 600.000 Euro im Jahr werden an die Caritas gespendet.

Dann kehre ich zur U-Bahnstation Spagna zurück, fahre von dort mit der Linie A weiter zum Bahnhof Termini, steige in die Line B um und gelange mit dieser zur Stazione Colosseo. Nun liegt eines der bekanntesten Bauwerke Roms in der Hitze des späten Morgens vor mir. Das Kolosseum ist das größte der im antiken Rom erbauten Amphitheater und der größte geschlossene Bau der römischen Antike. Zwischen 72 und 80 n. Chr. erbaut, ist es heute eines der Wahrzeichen der Stadt und ein Zeugnis für die Baukunst der alten Römer. Im Kolosseum fanden in aller Regel höchst grausame Spiele statt, die von Mitgliedern des Kaiserhauses ausgerichtet wurden und zu denen jeder freie Bewohner Roms kostenlos Zutritt hatte. Man schätzt, dass im Laufe der Jahrhunderte etwa 300.000 bis 500.000 Menschen und viele Millionen Tiere im Kolosseum ihr Leben ließen. Ich umrunde dieses mächtige Bauwerk, blicke durch Gitterstäbe ins Innere und stelle mir vor, wie viele Menschen wohl durch diese Gänge in die Arena ziehen mussten, hinaus in den sicheren Tod. Neben dem Kolosseum erstreckt sich das Forum Romanum. Für diesen historischen Ort will ich mir aber Zeit nehmen, hier will ich nicht nur einfach kurz durchhasten. Morgen plane ich sehr früh hier zu sein und den halben Tag zu verbringen.

Die U-Bahn bringt mich zur Stazione Barberini. Im Convento dei Cappuccini besuche ich das Museum und die Krypta. Hier liegen die Knochen der Kapuzinermönche aus den letzten Jahrhunderten. Anschließend laufe ich noch einmal zum Trevi-Brunnen, um den sich jetzt viele Besucher drängeln. Auch an der Spanischen Treppe ist das nicht anders. Ich steige die Stufen empor und betrete die Kirche Trinita dei Monti. Hier ist Fotografieren verboten, ein Schild weist ausdrücklich darauf hin. Einige Touristen halten sich aber nicht daran. Vor mir werden eifrig Bilder genommen und so nehme ich an, dass die kritische Stimme eines Ordnungshüters den Fotografen und nicht mir gilt. Aber plötzlich steht diese Person hinter mir und fordert mich auf, die Kirche zu verlassen. Wieso das denn? Meine Hose sei zu kurz, sie bedecke nicht das Knie! Im Petersdom war ich mir der strengen Kleiderordnung bewusst, aber hier dachte ich nicht mehr daran. Meine kurze Hose bedeckt tatsächlich nicht das Knie. Ist das so schlimm? Scheinbar schon. Auf jeden Fall ist eine zu kurze Hose in dieser Kirche schlimmer als der Bruch des Verbotes zu fotografieren.

Ich gehe wieder nach draußen und lasse den Blick über das weite Häusermeer schweifen. Heiß ist es wieder, viel zu heiß, um in einer Großstadt herumzulaufen. Also schnell wieder in die Kühle der U-Bahn und zurück zum Hotel. Auf meinem Zimmer genieße ich dann erst einmal eine kalte Dusche und halte ein Mittagsschläfchen.

Nach 16 Uhr wage ich mich erneut nach draußen, setze mich nochmals in einen Sight Seeing Bus und lasse mich wie gestern in aller Ruhe durch die Stadt fahren. Anschließend kaufe ich mir im Postamt des Vatikans eine Briefmarke, klebe diese in meinen Pilgerausweis und lasse sie abstempeln. Hier rät man mir, das Dokument auch noch in der Sakristei des Petersdoms abstempeln zu lassen. Daran hätte ich jetzt gar nicht mehr gedacht. Die Menschenkette vor dem Dom hat sich aufgelöst und so gelange ich zügig hinein. Touristen erreichen die Sakristei erst gar nicht, aber mit meinem Pilgerausweis darf ich die Absperrung passieren. Ein freundlicher Mann stempelt meinen Ausweis ein letztes Mal. Das Petrus-grab könne ich auch besuchen, nur heute um diese späte Uhrzeit leider nicht mehr.

Wieder im Dom, bemerke ich, dass im hinteren Teil, jen-seits der Absperrung, gerade eine Abendmesse statt-findet. Mein Pilgerausweis öffnet mir auch den Weg dorthin. Es ist schon etwas ganz Besonderes, eine Abendmesse im Petersdom mitfeiern zu dürfen. Auch ohne den Papst ist dies ein besonderer Moment, dessen bin ich mir bewusst. Der Petersdom ist das Zentrum des Vatikanstaates. Den Vorgängerbau ließ Konstantin der Große um 324 über dem vermuteten Grab des Apostels Simon Petrus errichten. 20.000 Menschen finden im Petersdom Platz, der mit einer überbauten Fläche von 15.160 m² eines der größten Kirchengebäude der Welt ist.

Heute Abend wird ein ganz besonderes EM-Fußballspiel übertragen. Die Mannschaft meines Heimatlandes spielt gegen die Mannschaft meines Gastlandes. Nur der Ge-winner kommt ins Finale und das verspricht Spannung. Ich könnte mir das Ganze natürlich einfach und bequem in meinem Hotelzimmer ansehen, doch das wäre zu langweilig. Wenn schon in Italien, dann möchte ich die-ses Spiel unter Italienern erleben. Also suche ich mir ein schönes Restaurant, in dem das Spiel übertragen wird, bestelle mir etwas zu Essen und verfolge die erste Halb-zeit. Um mir das Spiel aber in Ruhe ansehen zu können, möchte ich nicht unbedingt als Deutscher erkannt wer-den. Die französische Sprache macht das möglich. Nun kann ich mir das Spiel ohne Kommentare ansehen, die sicher gekommen wären, denn die Italiener führen schon bald mit 2:0. Die Stimmung ist großartig, die Menschen freuen sich und bei jedem Tor für Italien huppen die Autos um die Wette. Ich esse Spaghetti, einen italienischen Salat und trinke Mineralwasser. Der Preis ist um einiges höher als noch vor wenigen Tagen in den Orten vor Rom, aber so ist das nun mal. Hauptsache, es schmeckt! Leider scheint die Mannschaft meines Landes zu verlieren.

Während der Halbzeit laufe ich langsam zu meinem Zimmer zurück. Es beginnt dunkel zu werden, die Luft ist warm, aus den Restaurants fällt Licht nach draußen, Menschen flanieren oder sitzen an kleinen Tischen vor Kneipen und Gaststuben. Durch diese friedliche Stimmung schendere ich durch die Gassen, bin mitten in einer Millionenmetropole, habe aber den Eindruck, in einem kleinen Ort zu sein. An diesem Abend schreibe ich auch die versprochene Postkarte an das Krankenhaus in Forli. Ich hatte den beiden Krankenschwestern, die sich um mich gekümmert hatten, versprochen, sollte ich Rom erreichen, eine Karte zu schreiben. Und genau das mache ich jetzt auch, während im Fernsehen die zweite Halbzeit anläuft und die deutsche Mannschaft leider wirklich gegen Italien verliert.

**Gedanken des Tages:**
Eine Abendmesse im Petersdom ist auch ohne Papst etwas ganz Besonderes
Mein Pilgerausweis verhalf mir heute im Petersdom über so manche Absperrung hinweg
Wie viele Menschen fanden im Kolosseum den Tod?

Übernachtung
Hotel Bramante, Rom, 100 Euro, Ü mit F

*28. Juni 2012, Rom, Spanische Treppe*

*28. Juni 2012, Rom, Trevi-Brunnen*

*28. Juni 2012, Rom, Kolosseum*

*28. Juni 2012, in den Straßen von Rom*

*28. Juni 2012, Rom, Triton-Brunnen, Piazza Barberini*

*28. Juni 2012, Rom, Vatikan, Petersdom, Sakristei*

**Freitag, 29. Juni 2012**
Rom

Nach dem Frühstück begleiche ich die Hotelrechnung. Das Zimmer war teuer, aber sehr schön, ruhig, zentral gelegen und ich fühlte mich sehr wohl hier. Gepäck und Rad dürfen noch im Hotel bleiben, denn mein Zug geht erst am Abend um 19 Uhr. So kann ich mir heute noch einmal in aller Ruhe Rom ansehen. Um 8 Uhr nehme ich die U-Bahn zum Kolosseum und laufe von dort hinüber zum Forum Romanum, dem ältesten römischen Forum. Es war Mittelpunkt des damaligen politischen, wirtschaftlichen, kulturellen und religiösen Lebens, liegt in einer Senke zwischen den drei Stadthügeln Kapitol, Palatin und Esquilin und war der Ort vieler öffentlicher Gebäude und Denkmäler.

Es ist jetzt 8.30 Uhr, wenige Menschen sind bereits hier und auch die Sonne brennt noch nicht erbarmungslos vom Himmel. Beste Voraussetzungen also, um das Forum Romanum zu erkunden. Über historische Steine erreiche ich den Titusbogen und betrete danach die Gärten auf dem Palatin. Wunderschön ist es hier und ich male mir in Gedanken aus, wie das alles wohl vor 2.000 Jahren ausgesehen haben muss. Rom war bereits eine Weltmetropole, als die meisten der heutigen Millionenstädte noch nicht einmal existierten. Die Sonne steigt und die Zahl der Menschen ebenso. Oben auf dem Palatino, im Schatten der Bäume, ist es angenehm. Der Palatin ist einer der sieben Hügel Roms und gilt als ältester bewohnter Teil der Stadt. Bereits im 10. Jahrhundert v. Chr. siedelten hier Menschen. Die Gründungslegende Roms besagt, dass die

Brüder Romulus und Remus zur Entscheidung, wer über Rom herrschen sollte, eine Vogelschau durchführten. Romulus auf dem Palatin und Remus auf dem Aventin. Da Romulus siegte, gilt der Palatin als legendärer Gründungsort der Stadt. Im antiken Rom stand auf dem Palatin inmitten prachtvoller Villen noch die Casa Romuli, eine ärmliche Hütte, in der Romulus angeblich gewohnt hatte.

Ich setze mich auf eine Bank, trinke Wasser aus meiner kleinen Flasche, die ich an verschiedenen Wasserstellen immer wieder nachfüllen kann, lasse mir die jetzt noch wärmenden Sonnenstrahlen aufs Gesicht scheinen, schließe die Augen und döse vor mich hin. Es ist ruhig hier oben, die wenigen Menschen um mich herum sind entspannt und ruhen sich aus.

Dann kehre ich auf das Forum Romanum zurück, in dem sich nun Besucherströme aneinander vorbeischieben. Auf dem Hauptweg tritt man sich fast schon auf die Füße und kein schattiges Plätzchen ist mehr frei. Bei der nun vorherrschenden Hitze wollen alle auf einmal in den Schatten, was aber nicht wirklich geht. Auch mir ist heiß und ich flüchte in die kühleren Räume eines Ausstellungsgebäudes. Hier setze ich mich auf einen freien Stuhl (warum der frei ist, weiß ich nicht, ist mir im Moment aber egal) und verweile eine Zeitlang. Draußen brennt die Sonne nun höllisch vom Himmel. Es ist Mittag, und hätte ich mein Zimmer noch, würde ich mich nun dorthin zur Mittagssiesta zurückziehen. Aber ich habe es nicht mehr und muss eine Lösung für die heißesten Stunden des Tages finden.

Ich sollte mich erst einmal wieder hinauf in die Gärten des Palatins unter schattige Bäume und zu den Trinkwasserstellen begeben. Gedacht, getan. Wieder dort oben, fühlt sich der frühe Nachmittag schon wesentlich angenehmer an. Ob sich hier wohl eine schattige Bank zum Ausruhen finden ließe? Während meiner Suche sehe ich Menschen unter Bäumen sitzen. Prima Idee! Das werde ich auch machen. Und siehe da, nach ein paar Schritten steht er vor mir, mein Baum für eine Siesta auf historischem Boden. Wunderbar! Ich lege mich unter das schützende Blätterdach ins weiche Gras, schließe die Augen, vergesse die Hitze und döse vor mich hin. Nichts und niemand stört mich hier, die Familie unter dem Nachbarbaum ruht sich dort ebenfalls aus.

Kurz nach 14 Uhr heißt es langsam an den Rückweg denken. Ich möchte noch ein paar kleine Geschenke für Zuhause kaufen und mich gegen 16 Uhr mit dem Fahrrad vom Hotel aus auf den Weg zum Bahnhof Termini machen. Ich verlasse also meinen wunderbaren Schlafbaum auf dem Palatino, kehre zurück in die Hitze und das Gedränge des Forum Romanum, verlasse dieses durch den unteren Ausgang, laufe hinüber zur U-Bahnstation Colosseo, tauche ein in die klimatisierten Katakomben und fahre zurück zum Vatikan. Dort kaufe ich mir etwas zu essen, denn der Magen knurrt, und danach einige kleine Geschenke. Bei all dem Kitsch, der hier teuer verkauft wird, ist das aber gar nicht so einfach. Kurz nach 16 Uhr bin ich am Hotel, hole Rad und Gepäck ab, verabschiede mich, sattle meinen Drahtesel zum letzten Ritt durch Rom, steige auf und mische mich unter den römischen Großstadtverkehr. Der ist aber zum Glück nicht so hektisch wie befürchtet. Von der Engelsburg radle ich zur Piazza Venezia. Von dort führt die Via dei Fori Imperiali zum Kolosseum. Diese Prachtstraße ist heute für den gesamten Autoverkehr gesperrt, das ist natürlich perfekt. Ohne von Fahrzeugen belästigt zu werden, rollt mein Rad dem mächtigen Bauwerk entgegen. Ein letztes Bild, dann biege ich nach links in Richtung Termini ab.

Um 17.30 Uhr komme ich dort an. Da mein Zug erst um 19.05 Uhr abfährt, bleibt noch viel Zeit, mich erst einmal in diesem riesigen Bahnhof zurecht zu finden. Und die brauche ich auch. Da ich aus einer Seitenstraße auf den Bahnhof stoße, betrete ich diesen nicht durch den Haupteingang. Laut Übersicht der Abfahrtszeiten soll der Zug nach München von Gleis 10 abfahren. Noch steht dort aber ein anderer Zug. Ich laufe kreuz und quer durch den Bahnhof und vertreibe mir die Zeit. Kurz nach 18 Uhr wird mein Zug immer noch nicht angezeigt. Jetzt macht sich doch eine gewisse Unruhe breit. In Bologna waren die Gleisnummern in die Abschnitte Ost und West unterteilt. Könnte das hier genauso sein? Gibt es vielleicht auch in Rom ein Gleis 10 Ost und ein Gleis 10 West? Stehe ich vielleicht am falschen Ort? Und was macht man nun in einer solchen Situation? Genau! Man sucht die Information. Das versuche ich jetzt auch, finde aber weit und breit nichts. Geschäfte, Boutiken, Reklameanzeigen, Markenartikel, Automaten, alles ist da, nur kein Informationsschalter. Ich spreche einen jungen Mann in Bahnuniform auf Englisch an. Sein Blick verrät Unverständnis. Ich wiederhole meine Frage auf Französisch, dann auf Deutsch, er aber schüttelt nur den Kopf und antwortet „Italiano". Das kann aber leider ich nicht, und so bleibt dieser Versuch trotz dreier Sprachen erfolglos.

Noch immer wird der Zug am Gleis 10 nicht angezeigt. Meine Nervosität steigt. Ich laufe zum Haupteingang. Dort hängt eine große Anzeigetafel mit allen Abfahrtszeiten. Hier bleibe ich stehen und warte. Aktuell werden die Züge bis 18.45 Uhr angezeigt, 19.05 Uhr müsste also bald erscheinen. Plötzlich spricht mich ein älterer Mann in gebrochenem Deutsch an: „Zug, München?" „Ja", antworte ich. „Diese Info nicht gut, komm". Viel kann jetzt auch nicht mehr schief gehen, denke ich, und folge ihm. Er läuft direkt zum Gleis 10. Dort wird jetzt tatsächlich der Zug nach Wien angezeigt, mit Kurswagen nach München. Erleichterung! Gleis 10 gibt es also doch nur einmal in diesem Bahnhof. Mein Helfer hält nun seine Hand auf und will Geld. Aha, so ist das also! Na ja, ich bin froh, den richtigen Zug gefunden zu haben und gebe ihm zwei Euro. Er steckt das Geld ein und will mehr. Ganz schön dreist, denke ich, und sage Nein! Es reicht! Ich bin sicher, der macht das hier öfter. Der Zug um 19.05 Uhr wäre auf der großen Anzeigetafel sicher gleich angezeigt worden und um 18.45 Uhr wäre ich sowieso zum Gleis 10 zurückgekehrt. Er spürte meine Unruhe und nutzte die Gelegenheit. Aber das macht nichts, der Zug ist da, ich bin erleichtert und die zwei Euro hat er sich verdient.

Ich finde den Waggon, in dem ein Platz für mein Rad reserviert ist, stelle dieses dort sicher ab, und gehe zu meinem Liegewagenabteil. Dieses ist klimatisiert und angenehm kühl. Von der Schaffnerin erfahre ich, dass erst in Florenz drei weitere Personen zusteigen werden. Bis dorthin gehört das Abteil nur mir alleine. Pünklich um 19.05 Uhr rollen wir aus dem Bahnhof Termini und verlassen Rom. Ich stehe am offenen Fenster und blicke

*29. Juni 2012, Rom, Forum Romanum*

*29. Juni 2012, Rom, Forum Romanum, Palatin*

*29. Juni 2012, Rom, Forum Romanum, Römisches Imperium,*
*größte Ausdehnung*

*29. Juni 2012, Rom, Vittoriano, Denkmal für Vittorio Emanuele II*

*29. Juni 2012, Rom, Abfahrt vom Bahnhof Termini*

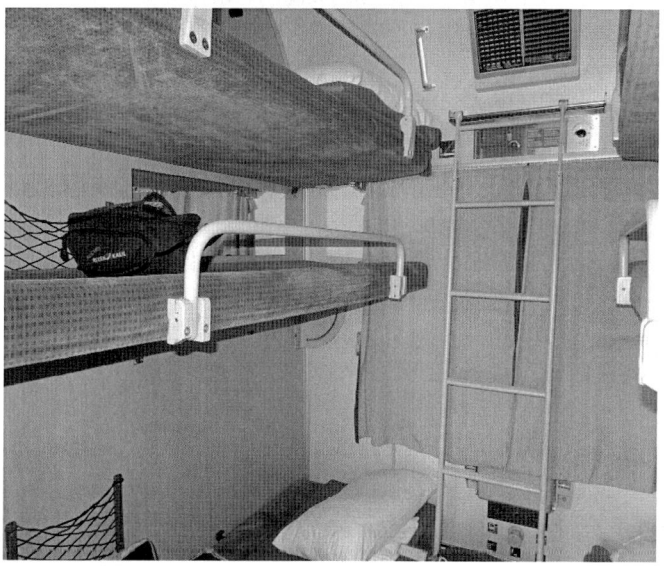

*29. Juni 2012, Nachtzug von Rom nach München,*
*Liegewagenabteil*

nach draußen. Schnell fliegen die letzten Häuser der Ewigen Stadt an mir vorbei und im Osten tauchen die Berge der Apenninen auf. Bald ist auch der markante Berg zu sehen, hinter dem Narni liegt, die kleine Stadt, in der ich noch vor wenigen Tagen übernachtet habe.

Müdigkeit trifft auf Erleichterung. Der Zug ist planmäßig abgefahren und überhaupt hat die ganze Radtour in diesem Jahr wieder super geklappt. Ich bin stolz, es auch diesmal wieder geschafft zu haben, nach Santiago de Compostela nun auch Rom von Mainfranken aus erreicht zu haben. Ich klettere auf einen oberen Liegeplatz und ziehe das leichte Bettlaken über mich. Das Rattern und Schaukeln des Zuges ist nicht unangenehm, es wiegt mich in einen leichten Schlaf. Draußen wird es dunkel und die Landschaft fliegt an mir vorbei. Wir fahren nach Norden, der Heimat entgegen.

Um 21.30 Uhr erreichen wir Florenz. Die angekündigten Personen steigen nun zu, ein älteres Ehepaar und deren Tochter. Auch sie fahren bis München. Bald kehrt wieder Ruhe ein und der Zug rattert weiter durch die Nacht, vorbei an Bologna, Venedig, Villach und Salzburg. Ich schlafe und brauche mir keine Gedanken zu machen, rechtzeitig aufzuwachen. Wir werden München erst gegen 8.30 Uhr erreichen und bis dahin bin ich schon lange wach.

**Gedanken des Tages:**
Am Ziel ist die Erleichterung immer riesengroß
Das Gefühl, etwas Besonderes geleistet zu haben, ist wunderbar

## Samstag, 30. Juni 2012
Heimreise mit dem Zug von München nach Schweinfurt


Kurz vor 8.30 Uhr rollen wir in den Münchner Hauptbahnhof ein. Ich habe nicht wirklich tief geschlafen, bin aber nach dieser langen Zugfahrt von über 13 Stunden nicht müde und gerädert. Gegen 9.30 Uhr verlässt ein Regionalexpress München in Richtung Nürnberg. Zeit genug, sich etwas die Beine zu vertreten und etwas zu essen. Über Ingolstadt geht es dann ein Stück durchs Altmühltal, an Treuchtlingen vorbei, nach Nürnberg. Hier hätte ich eigentlich etwas länger auf den Anschlusszug warten müssen, erwische aber einen Zug nach Bamberg, der schon wenig später Nürnberg verlässt. In Bamberg klappt der Anschluss nach Hassfurt. Dort müsste ich jetzt über eine Stunde auf die Weiterfahrt warten. Das ist mir aber zu lange, und da das Wetter mitspielt, entscheide ich, die letzten 22 Kilometer bis Schweinfurt mit dem Rad zurückzulegen. Es folgt noch eine angenehme Etappe auf dem Maintalradweg. Um 15.30 Uhr bin ich dann wieder daheim.



Zweites Etappenziel Rom nach 500 Kilometern und 11 Tagen von Bologna aus erreicht
4 Kilo abgenommen

**Johannes Reichert**

Geboren 1956 in Schweinfurt am Main
Studium der BWL und VWL an der
FH und Universität des Saarlandes
Vier Jahre Auslandsaufenthalt in Großbritannien
Aktuell Mitarbeiter der SKF GmbH in Schweinfurt
Verheiratet, zwei Töchter

# Weitere Bücher dieses Autors:

**Der Weg -**
**Die Herausforderungen -**
**Die Erlebnisse**

3369 Kilometer
mit dem Rad nach
Santiago de Compostela

ISBN-Nr.
978-3-942063-61-6

Preis: 9,90 €

Englische Ausgabe

**One Man, One Bicycle,**
**2093 Miles to Spain**
**Cycling to Santiago de**
**Compostela**

ISBN-Nr.
978-3-943528-19-0

Preis: 9,90 €

# TESTIMONIUM
# PEREGRINATIONIS

## AD LIMINA APOSTOLORUM PETRI ET PAULI

Rom-Pilgerausweis Vorderseite

# PILGERWEGE NACH ROM
## ZUM HEILIGEN JAHR 1500

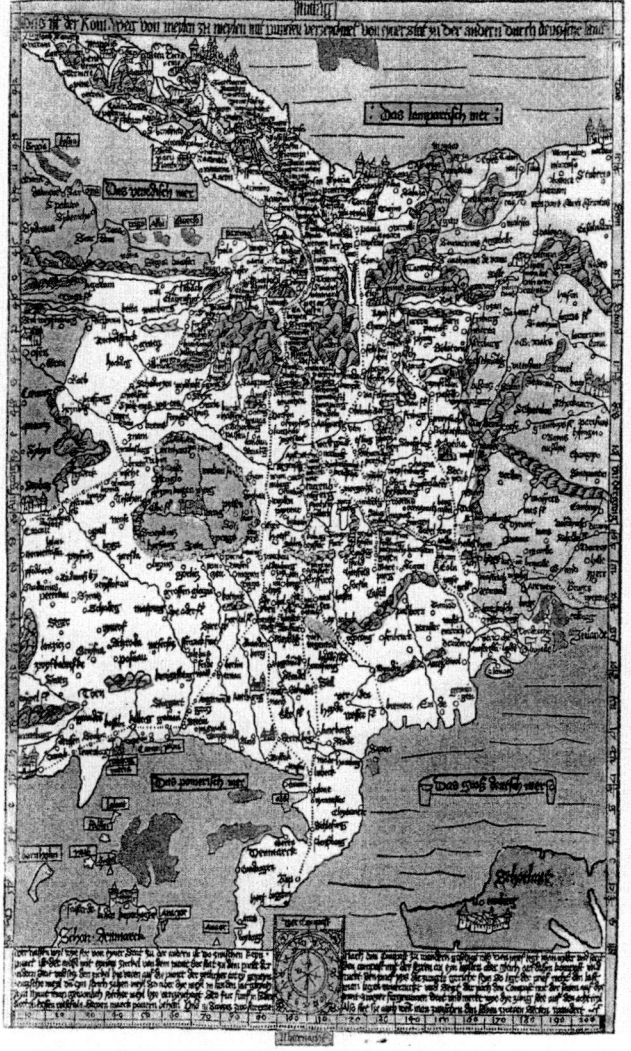

Rom-Pilgerausweis Rückseite

# BESTÄTIGUNG EINER TAGESETAPPE

27/6/12

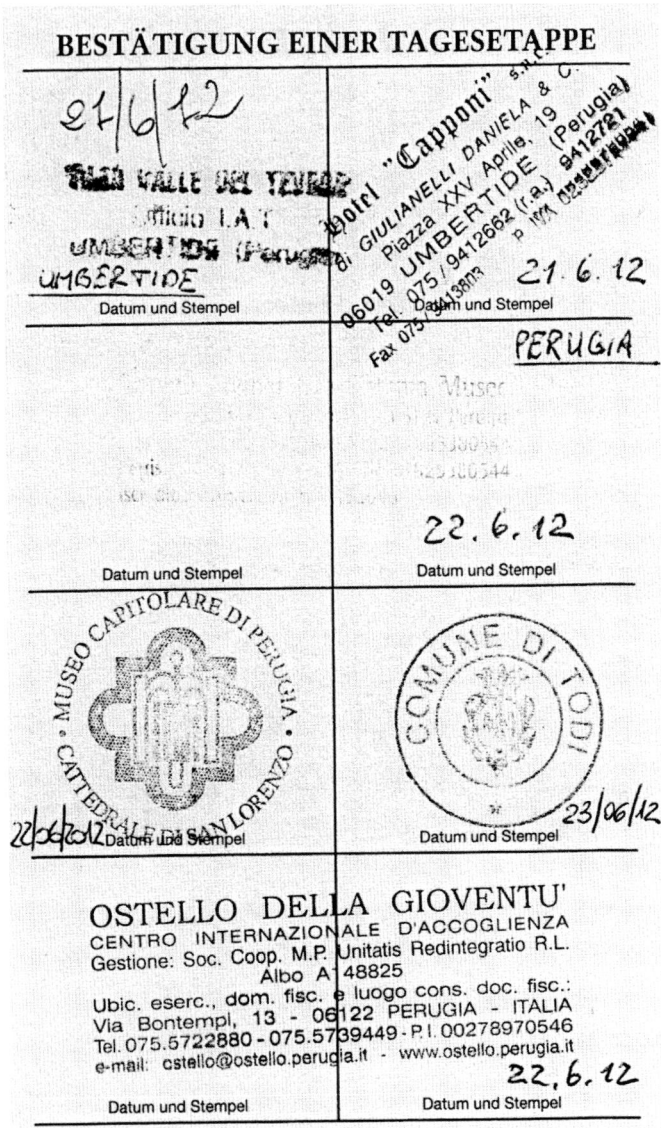

VALLE DEL TEVERE
Ufficio I.A.T.
UMBERTIDE (Perugia)

UMBERTIDE

Datum und Stempel

Hotel "Capponi" s.n.c.
di GIULIANELLI DANIELA & C.
Piazza XXV Aprile, 19
06019 UMBERTIDE (Perugia)
Tel. 075/9412662 (r.a.) 9412781
Fax 075/9413803  P. IVA 02583550549

21. 6. 12

Datum und Stempel

PERUGIA

22. 6. 12

Datum und Stempel

Datum und Stempel

22/06/12 Datum und Stempel

23/06/12

Datum und Stempel

OSTELLO DELLA GIOVENTU'
CENTRO INTERNAZIONALE D'ACCOGLIENZA
Gestione: Soc. Coop. M.P. Unitatis Redintegratio R.L.
Albo A 48825
Ubic. eserc., dom. fisc. e luogo cons. doc. fisc.:
Via Bontempi, 13 - 06122 PERUGIA - ITALIA
Tel. 075.5722880 - 075.5739449 - P.I. 00278970546
e-mail: ostello@ostello.perugia.it - www.ostello.perugia.it

22. 6. 12

Datum und Stempel

Datum und Stempel

Auszug aus dem Pilgerausweis

200

# BESTÄTIGUNG EINER TAGESETAPPE

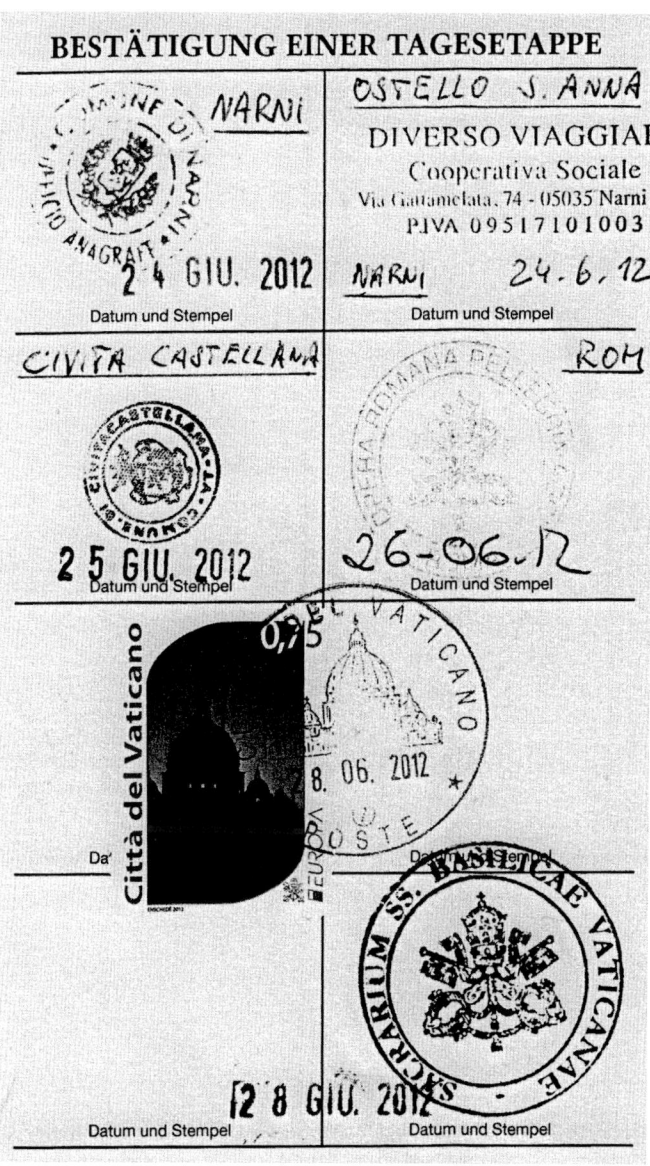

| | |
|---|---|
| NARNI | OSTELLO S. ANNA<br>DIVERSO VIAGGIAF<br>Cooperativa Sociale<br>Via Gattamelata, 74 - 05035 Narni<br>P.IVA 09517101003 |
| 2 4 GIU. 2012 | NARNI 24.6.12 |
| Datum und Stempel | Datum und Stempel |
| CIVITA CASTELLANA | ROM |
| 2 5 GIU. 2012 | 26-06.12 |
| Datum und Stempel | Datum und Stempel |
| Da' | |
| Datum und Stempel | Datum und Stempel |
| 2 8 GIU. 2012 | |
| Datum und Stempel | Datum und Stempel |

Auszug aus dem Pilgerausweis

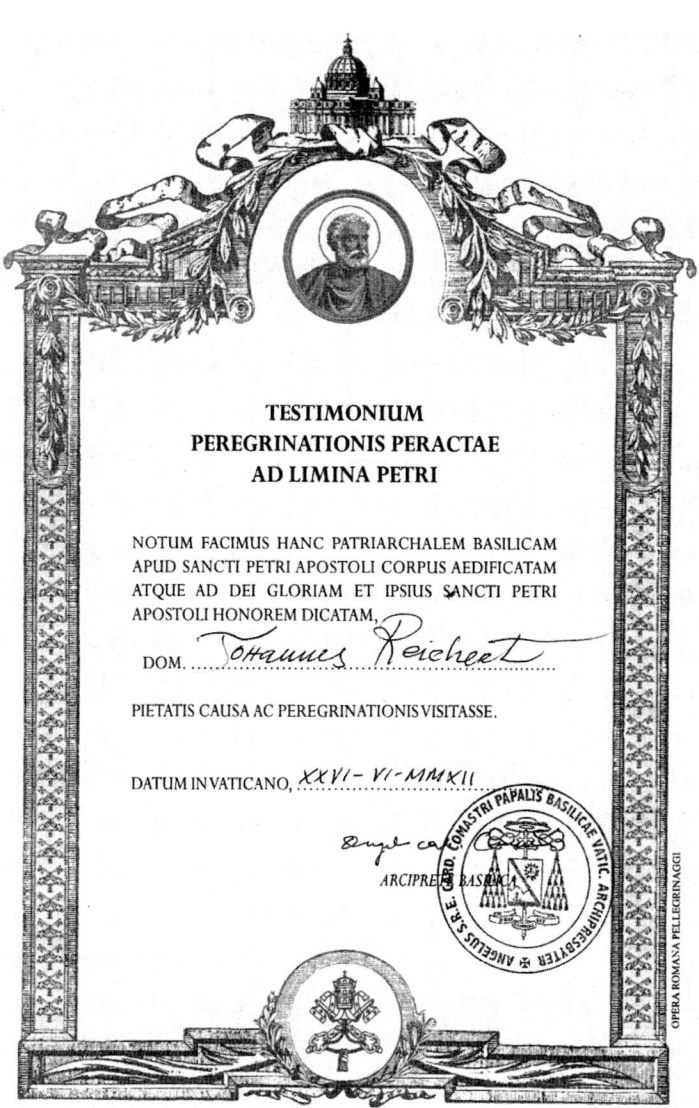

## TESTIMONIUM
## PEREGRINATIONIS PERACTAE
## AD LIMINA PETRI

NOTUM FACIMUS HANC PATRIARCHALEM BASILICAM
APUD SANCTI PETRI APOSTOLI CORPUS AEDIFICATAM
ATQUE AD DEI GLORIAM ET IPSIUS SANCTI PETRI
APOSTOLI HONOREM DICATAM,

DOM. *Johannes Reichert*

PIETATIS CAUSA AC PEREGRINATIONIS VISITASSE.

DATUM IN VATICANO, *XXVI – VI – MMXII*

ARCIPRETE BASILICA

ANGELUS S.R.E. CARD. COMASTRI PAPALIS BASILICAE VATIC. ARCHIPRESBYTER

OPERA ROMANA PELLEGRINAGGI

**OPERA ROMANA PELLEGRINAGGI**

Meine Römische Compostela